Planen und bauen mit dem Architekten

Vertragsfragen, Bauplanung und -ausführung

Impressum

Herausgeber

Verbraucherzentrale Nordrhein-Westfalen e. V.
Mintropstraße 27, 40215 Düsseldorf
Telefon (0 18 05) 00 14 33, Telefax (02 11) 38 09-235
E-Mail: publikationen@vz-nrw.de

Architektenkammer Nordrhein-Westfalen
Zollhof 1, 40221 Düsseldorf
Telefon (02 11) 49 67-0, Telefax (02 11) 49 67-99
E-Mail: info@aknw.de

Verbraucherzentrale Baden-Württemberg e. V.
Paulinenstraße 47, 70178 Stuttgart
Telefon (07 11) 66 91-10, Telefax (07 11) 66 91-50
E-Mail: info@verbraucherzentrale-bawue.de

Verbraucherzentrale Hamburg e. V.
Kirchenallee 22, 20099 Hamburg
Telefon (0 40) 2 48 32-0, Telefax (0 40) 2 48 32-290
E-Mail: info@vzhh.de

Verbraucherzentrale Hessen e. V.
Große Friedberger Straße 13–17, 60313 Frankfurt a. M.
Telefon (0 69) 97 20 10-0, Telefax (0 69) 97 20 10-50
E-Mail: vzh@verbraucher.de

Verbraucherzentrale Niedersachsen e. V.
Herrenstraße 14, 30159 Hannover
Telefon (05 11) 9 11 96-0, Telefax (05 11) 9 11 96-10
E-Mail: info@vzniedersachsen.de

Verbraucherzentrale Bundesverband (vzbv) e. V.
Markgrafenstraße 66, 10969 Berlin
Telefon (0 30) 2 58 00-0, Telefax (0 30) 2 58 00-218
E-Mail: info@vzbv.de

Text	Christine Mattauch, Köln Claus Mundorf, Düsseldorf
Lektorat	Wolfgang Starke
Gesamtproduktion	HPPR Werbeagentur, Neuss
Fotos	HPPR Werbeagentur, Neuss; Astrid Früh, Neuss
Pläne und Zeichnungen	Klinkhammer Architekten & Stadtplaner, BDA, Krefeld
Druck	BasseDruck GmbH, Hagen

Dieser Ratgeber wurde in Zusammenarbeit der Verbraucherzentrale NRW und der Architektenkammer NW erstellt.

1. Auflage, August 2004, 12.500 Exemplare
ISBN 3-933705-85-1; Printed in Germany

Inhalt

Vorwort

Wer ein Haus baut, tut dies in der Regel zum ersten und einzigen Mal in seinem Leben. Er hat keine Erfahrung, aus der er klug werden könnte, und macht ohne richtige Vorbereitung Fehler, die er dann ein Leben lang bedauert. In den Kauf eines Autos wird oft mehr Zeit und Überlegung investiert als in ein Bauprojekt, bei dem es um viel mehr Geld, um größere Risiken und um langfristigere Entscheidungen geht. Jeder, der sich mit der Absicht trägt, ein Haus zu bauen, sollte sich deshalb eingehend mit der Materie befassen. Und dazu gehört auch, sich auf die Zusammenarbeit mit der Architektin oder dem Architekten vorzubereiten.

Manche meinen, Architekten seien in erster Linie Künstler, die gestalten möchten, und die Gestaltungsfreiheit des Architekten lasse sich mit den Vorstellungen des Bauherrn von seinem zukünftigen Zuhause nicht zur Deckung bringen. Und vielleicht ist es nur eine Anekdote, dass der Architekt Frank Lloyd Wright (1867–1959) einem Kunden, dem er ein sehr teures, sehr schönes, aber leider nicht wasserdichtes Haus gebaut hatte, am Telefon entgegnete: »Also, guter Mann, es regnet durch das Dach auf Ihren Esstisch? Ja, was stehen Sie denn da so dumm herum? Stellen Sie sofort Ihren Stuhl um.«

Doch die Wirklichkeit ist anders: Der Architekt kümmert sich nicht nur um die Gestaltung, er entwirft mit seinen Plänen auch Funktion und Konstruktion des Gebäudes. Bei der Bauüberwachung ist er auch für die Steuerung der Bauarbeiten und für die Termin- und Kostenkontrolle zuständig. Er ist eben nicht nur Künstler, sondern vor allem auch Ingenieur, Vertreter des Bauherrn, Organisator und Moderator. Diese umfassende Aufgabe setzt eine partnerschaftliche aktive Zusammenarbeit von Architekt und Bauherr voraus.

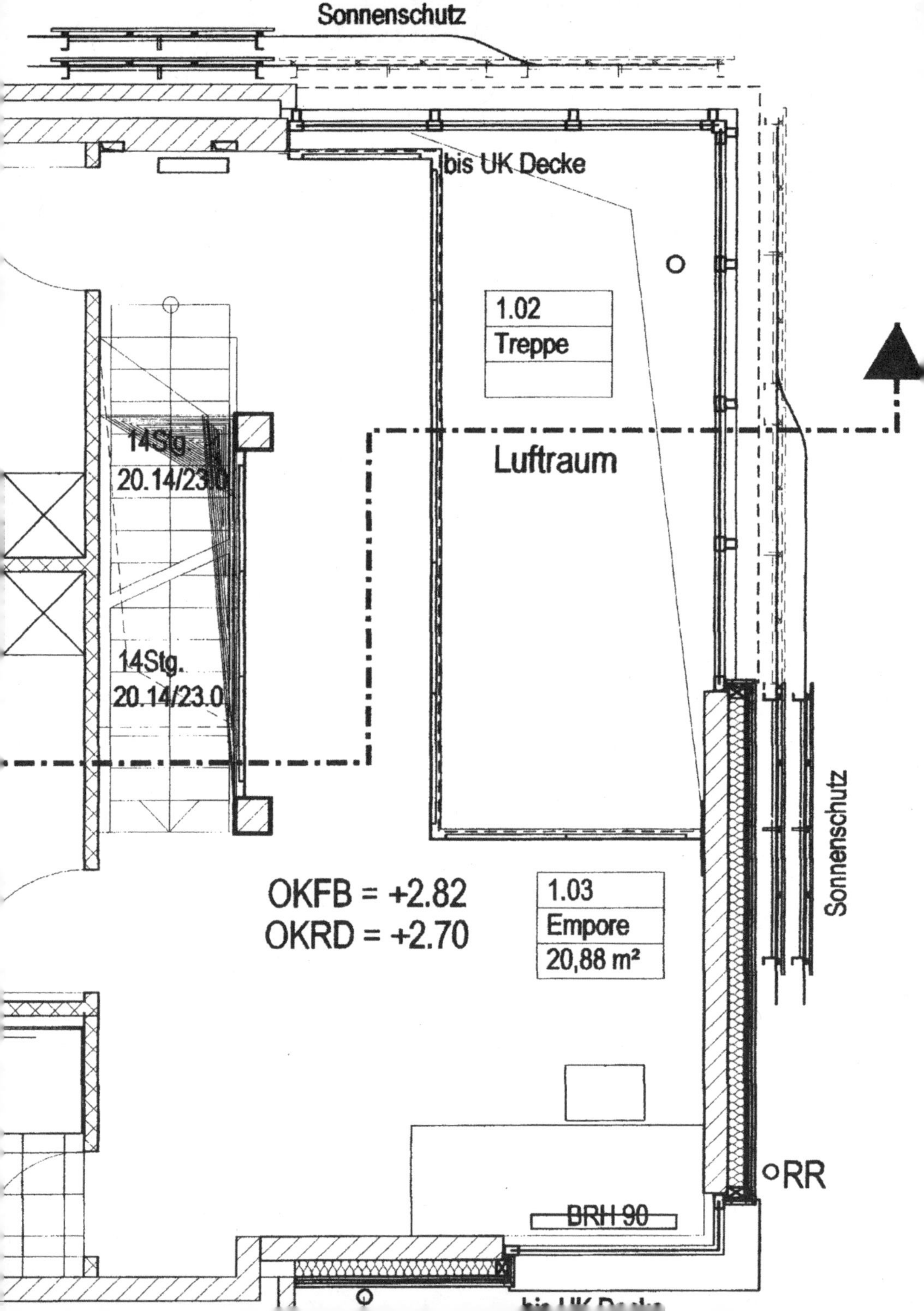
Sonnenschutz
bis UK Decke
1.02
Treppe
Luftraum
14Stg.
20.14/23.0
14Stg.
20.14/23.0
OKFB = +2.82
OKRD = +2.70
1.03
Empore
20,88 m²
Sonnenschutz
RR
BRH 90

Was spricht für ein Architektenhaus?

Die meisten Menschen bauen nur einmal im Leben. Ob eine Familie ihren Traum vom eigenen Haus verwirklicht oder sich eine Gruppe zum Bau eines Reihenhauses zusammenschließt – der Wunsch nach einem möglichst individuell gestalteten Bau, der den eigenen Bedürfnissen entspricht, ist groß. In dieser Hinsicht bietet ein Gebäude, das von einem Architekten geplant wird, zweifellos Vorteile gegenüber einer Lösung »von der Stange«, denn der Bauherr hat maximale Einflussmöglichkeiten in Hinblick auf das Aussehen, die Flächeneinteilung, die Gestaltung und die technische Infrastruktur seines künftigen Domizils. Hier liegt ein Hauptunterschied zur Beauftragung eines Bauträgers oder zum Erwerb eines Fertighauses (····› Kasten, Seite 11).

Weitgehende Gestaltungsfreiheit beim Architektenhaus

Bei einem Architektenhaus kann der Bauherr sehr frei bestimmen, wie groß das Haus sein soll und welche Räume wo angeordnet werden, solange die behördlichen Vorgaben – vor allem im Bebauungsplan (····› Seite 77) – eingehalten werden. Bei der Gestaltung entscheidet der Geschmack des Bauherrn darüber, welcher Baustil gewählt wird, welche Form das Dach bekommen soll und wie die Fassade aussieht. Es gibt keine Vorgaben in Hinblick auf die Einrichtung von Bädern oder Küchen, Zahl und Anordnung von Steckdosen oder die verwendete Heiztechnik. Wer den Zuschlag für die Beton- und Mauerarbeiten erhält und welche Installateure, Dachdecker und sonstigen Handwerker beauftragt werden – all das liegt im Ermessen des Bauherrn. So viel Freiheit hat allerdings ihren Preis: Der Bauherr muss viele Entscheidungen treffen. Und: Ohne eine enge und zeitintensive Abstimmung mit dem Architekten geht es nicht.

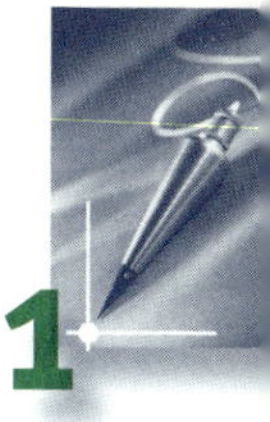

Häuser »von der Stange«

- Als Bauträger werden Unternehmen bezeichnet, die dem Käufer ein Komplettpaket anbieten: Grundstück, Planung und Ausführung der Bauarbeiten kommen sozusagen aus einer Hand. Der Käufer schließt daher nur einen einzigen Vertrag ab und hat bei der Abwicklung des Bauvorhabens wenig zu tun. Dafür kann er meist nur begrenzt auf die Gestaltung seines Hauses Einfluss nehmen. Änderungen gegenüber den vorgegebenen Standardlösungen schlagen in aller Regel mit erheblichen Mehrkosten zu Buche, die viele Häuslebauer anfangs nicht einplanen und die zu Finanzierungsengpässen führen können. Ein weiteres Risiko liegt darin, dass der Bauträger insolvent wird und das gesamte Bauvorhaben zum Erliegen kommt – ein Fall, der gar nicht so selten vorkommt.
- Fertighäuser sind, wie ihr Name schon sagt, Häuser aus dem Katalog. Über 100 Unternehmen bieten in Deutschland solche Eigenheime an. Die Bandbreite an unterschiedlichen Baustilen und Standards ist groß, die Berücksichtigung individueller Wünsche allerdings nur sehr begrenzt möglich und in der Regel teuer. Weil die Bauteile vorfabriziert sind, dauert die Errichtung von Fertighäusern lediglich wenige Tage. Um die Grundstücksbeschaffung und den Bau eines Kellers muss sich der Bauherr in der Regel selbst kümmern. Auf Art und Qualität der Bauteile hat der Käufer keinen oder nur begrenzten Einfluss.

Das Verhältnis zwischen Architekt und Bauherr

Architekt handelt als Treuhänder des Bauherrn

Der Architekt ist nicht nur für die Planung zuständig. Er übernimmt während des gesamten Bauvorhabens für den Bauherrn die Funktion eines Treuhänders. Das heißt, er handelt in seinem Auftrag und nimmt stellvertretend für den Bauherrn dessen Interessen wahr, wenn er zum Beispiel bei den Behörden die Baugenehmigung einholt oder mit Handwerkern verhandelt. Ein großes Plus des Architekten ist seine Unabhängigkeit: Er hat keine vertraglichen Bindungen an bestimmte Firmen oder Handwerker. Das verbietet ihm das Berufsrecht. Bei seinen Bauvorhaben schreibt er die Handwerkerleistungen in der Regel aufs Neue aus und siebt die eingegangenen Angebote der Firmen nach Kosten und Qualität. Dabei bringt er auch seine Erfahrungen aus früheren Bauvorhaben ein.

Trennung von Planung und Ausführung

Planung und Ausführung zu trennen, ist für Architekten ein wichtiger Grundsatz. Gemeint ist damit, dass derjenige, der den Entwurf fertigt, vollkommen unabhängig sein muss von den Unternehmen und Handwerkern, welche die Bauleistungen erbringen. Nur so kann der Architekt seine Rolle als »Anwalt« des Bauherrn erfüllen und in seinem Interesse mit den Anbietern über Kosten verhandeln, die Qualität der Bauausführung kontrollieren und Mängel reklamieren.

Architekt auch beim Hausbau mit Bauträger oder Generalunternehmer empfehlenswert

Selbst wenn Sie sich dafür entschieden haben, mit einem Bauträger oder Generalunternehmer (⟶ Seite 115) zu bauen, ist es durchaus ratsam, einen Architekten hinzuzuziehen – als Berater bei der Planung des Hauses und/oder als Kontrollinstanz bei der Ausführung der Arbeiten.

Der Vorteil: Er hat die notwendige Fachkunde, ist unabhängig von der Firma und vertritt allein Ihre Interessen. Der Nachteil: Es kostet Sie zusätzlich Geld, nämlich das Architektenhonorar. Das haben Sie allerdings schnell an anderer Stelle wieder raus, wenn durch die Einschaltung des Architekten eine fehlerhafte Planung oder Baumängel vermieden werden. Zwar sind Bauträger und Generalunternehmer grundsätzlich verpflichtet, eine mängelfreie Arbeit abzuliefern. In der Praxis führt der Streit darum jedoch oft zu zeit- und kostenintensiven Auseinandersetzungen, die nicht selten vor Gericht enden.

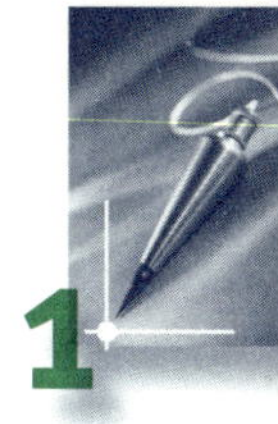

Allgemeine vertragliche Pflichten von Architekt und Bauherr

Das vertragliche Verhältnis des Bauherrn gegenüber dem Architekten ist gesetzlich nicht speziell geregelt. Als Hauptpflichten kennt das Gesetz daher nur die Pflicht des Bauherrn, das vertragsgemäß hergestellte Werk abzunehmen (⇢ Seite 127) und die vereinbarte Vergütung zu zahlen. Darüber hinaus trifft ihn eine allgemeine Mitwirkungspflicht, um seinem Vertragspartner, dem Architekten, die Herstellung des geschuldeten Werkes zu ermöglichen. Wie bei jedem Vertragsverhältnis haben auch die Parteien eines Architektenvertrags wechselseitige Schutz-, Fürsorge- und Aufklärungspflichten.

Die Vertragsparteien sind grundsätzlich zur Kooperation verpflichtet. Entstehen Meinungsverschiedenheiten darüber, ob oder wie ihr Vertragsverhältnis an geänderte Umstände angepasst werden muss oder wie es im Einzelnen durchzuführen ist, sind alle Parteien grundsätzlich verpflichtet, durch Verhandlungen zu versuchen, eventuelle Konflikte einvernehmlich beizulegen.

Die Tatsache, dass der Architekt die Interessen des Bauherrn vertritt, bedeutet freilich nicht, dass sich jener um gar nichts zu kümmern braucht. Im Gegenteil: Bevor wichtige Entscheidungen getroffen werden, beispielsweise bei

Änderungen des Bauentwurfs, sucht der Architekt Rücksprache mit dem Bauherrn. Entscheidungen, die finanzielle Auswirkungen haben, muss er sich sogar ausdrücklich vom Bauherrn genehmigen lassen. Dazu ist er rechtlich verpflichtet.

Entscheidungen zu Beginn der Planung erfordern Mitwirkung des Bauherrn

Die Zusammenarbeit von Architekt und Bauherr ist zu Beginn der Planung besonders intensiv. In dieser Phase kommt es darauf an, dass sich der Bauherr darüber klar wird, welche Bedürfnisse und Ansprüche er an sein künftiges Gebäude hat und wie sie sich planerisch umsetzen lassen (→ Seite 70). Der Architekt berät ihn dabei und skizziert die möglichen Lösungen. Auch die finanziellen Möglichkeiten und die Terminplanung werden besprochen. Wenn sich die Wünsche konkretisiert haben und die Rahmenbedingungen geklärt sind, fertigt der Architekt die Pläne an (→ Seite 83). Auch in dieser Phase hat der Bauherr das Entscheidungsrecht und eine Mitwirkungspflicht: Er muss die endgültige Version der Pläne bestätigen. Bei der Vergabe der Handwerkerleistungen hat der Bauherr die entscheidende Rolle: Der Architekt übernimmt zwar die Ausschreibung, trifft eine Vorauswahl und berät den Bauherren, eine Beauftragung kann aber nur durch den Bauherrn erfolgen.

Der Beginn der Bauarbeiten ist für den Bauherrn eine spannende Zeit, weil er sieht, wie sich seine Vorstellungen realisieren. In dieser Phase ist seine Mitwirkung erforderlich, wenn sich außerplanmäßig Änderungen ergeben. Viele Bauherren beteiligen sich außerdem mit Eigenleistungen am Bau des Hauses, um Kosten zu sparen.

Bauen mit Architekt erfordert »aktiven Bauherrn«

Der Bau eines Architektenhauses erfordert somit einen »aktiven« Bauherrn, der bereit und in der Lage ist, sich zeitlich und inhaltlich intensiv mit der Materie zu beschäftigen. Seine Mitwirkung ist gefragt. Er muss sich darauf

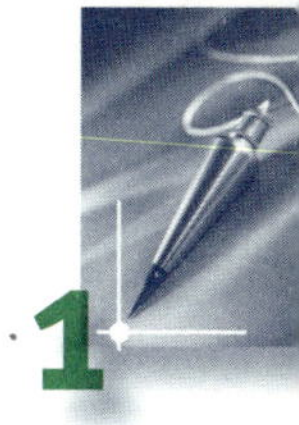

einstellen, mit Fachbegriffen und Fragen konfrontiert zu werden, bei denen er sich zunächst überfordert fühlt. Der Architekt ist hier Ratgeber und Experte in einem, er kann dem Bauherrn aber nicht die Entscheidung abnehmen. Außerdem wird auch er, je nach Individualität des Bauvorhabens, möglicherweise auf Probleme stoßen, die ihm in dieser Form zum ersten Mal begegnen. Da hilft nur beidseitige Geduld – gegebenenfalls sind außerdem weitere Fachleute hinzuzuziehen.

Entscheidung über Gestaltung liegt letztlich beim Bauherrn

Die rechtliche Rollenverteilung zwischen dem Bauherrn als Besteller und dem Architekten als Auftragnehmer hat trotz der vielfach betonten Unabhängigkeit des Architekten zur Folge, dass »Zielkonflikte« bei verschiedenen Planungsalternativen einzig und allein vom Bauherrn entschieden werden. Lassen sich der künstlerische Anspruch des Architekten und der Geschmack des Bauherrn nicht miteinander vereinbaren, ist im Zweifel der Letztgenannte maßgebend. Es ist deshalb Aufgabe des Architekten, die Bauwünsche seines Auftraggebers zu ermitteln und entsprechend zu planen. Wünscht der Bauherr eine andere Art der Gestaltung, muss der Architekt ihn im Rahmen seines Auftrags ohne zusätzliches Honorar über die technischen Möglichkeiten aufklären, mit denen sie verwirklicht werden kann.

Früh ansprechen: die Frage nach den Baukosten

Ein Zielkonflikt ist für viele Bauvorhaben typisch: Da ist auf der einen Seite der Wunsch nach einem möglichst schönen, luxuriösen Heim – schließlich gehen Sie davon aus, dass Sie die nächsten zwanzig oder dreißig Jahre in Ihrem Haus leben werden. Auf der anderen Seite ist Ihr Budget begrenzt. Nicht nur für Sie und Ihre Familie, auch für den Architekten ist es vielleicht verführerisch, kühne Planungen zu Papier zu bringen. Bei der Frage nach den Kosten kann dann das böse Erwachen folgen. Stellen Sie sie deshalb möglichst früh! Der Architekt hat schon zu einem relativ frühen Zeitpunkt einen guten Überblick über die Kostenentwicklung und kann gegebenenfalls anhand von vergleichbaren Objekten eine realistische Einschätzung abgeben.

Auch bei Umbau und Modernisierung Kosten im Blick behalten

Nicht nur bei Neubauten, auch bei Umbauten besteht die Gefahr, dass die Kosten davonlaufen. Den Effekt kennen Sie vom Kleiderkauf: Zum neuen Sakko sieht die alte Hose schäbig aus. Also her mit einer neuen! Nun passen aber die alten Schuhe nicht mehr zu der tollen Kluft. Diese Spirale tritt erfahrungsgemäß auch bei vielen Sanierungs- und Verschönerungsmaßnahmen auf. Da hilft nur eiserne Disziplin und der frühzeitige Hinweis auf das begrenzte Budget. Schließlich haben am Ende weder Sie noch der Architekt etwas davon, wenn Planungen zu Papier gebracht werden, die sich aus finanziellen Gründen nicht realisieren lassen.

Modell des zukünftigen Hauses erhöht Anschaulichkeit der Planung

Ein weiteres Problem, das bei Neubauten häufig auftritt: Architekten haben von Berufs wegen ein anderes Abstraktionsvermögen als ein Bauherr, der nur einmal im Leben baut. Wo sich vor dem geistigen Auge des Architekten bereits das fertige Haus auftut, erkennt der Bauherr auf dem Plan nur Linien und Striche, die ihm nichts sagen. Erläuterungen des Architekten helfen da nur begrenzt weiter, schließlich kann man sich unter einer Glasfassade oder unter einem offenen Treppenhaus sehr unterschiedliche Dinge vorstellen.

Auch Computeranimationen sind nur bedingt hilfreich. Damit nicht an Ihren Vorstellungen vorbei gebaut wird und es womöglich in der Ausführungsphase zu bösen Überraschungen kommt, können Sie ein Modell bauen lassen. Fragen Sie Ihren Architekten, welche Kosten hierfür anfallen.

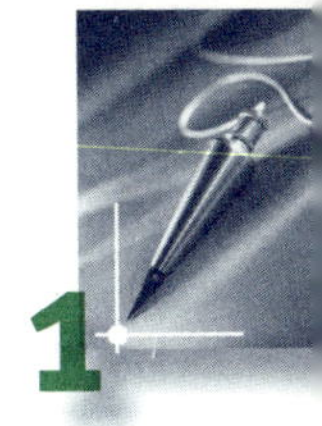

Hilfreich ist – sofern vorhanden – auch die Besichtigung von Objekten, bei denen der von Ihnen ins Auge gefasste Architekt ähnliche planerische Lösungen gewählt hat wie bei Ihnen. Scheuen Sie sich nicht nachzufragen, wenn Sie etwas nicht verstehen, und sagen Sie klar und deutlich, wenn Sie mit einer Lösung nicht einverstanden sind. Denken Sie daran: Der Architekt ist in Ihrem Auftrag tätig, aber das letzte Wort – und damit aber auch die Verantwortung – haben Sie als Bauherr.

Wer die Kosten für ein Modell nicht investieren möchte, kann sich mit Hilfe einer anschaulichen Zeichnung sein zukünftiges Zuhause sicher auch gut vorstellen.

Was der Architekt kann – und was nicht

Viele Menschen haben nur eine vage Vorstellung von der Tätigkeit eines Architekten. Kino- und Fernsehfilme vermitteln immer wieder das Bild eines Künstlers, der seine Entwürfe nach eigenem Gusto verwirklicht und damit nicht selten am Bauherrn »vorbeibaut«. Das hat jedoch mit der Realität wenig zu tun. Architekten verstehen sich als Dienstleister für den Bauherrn.

Architekt ist geschützte Berufsbezeichnung

Nicht jeder kann sich Architekt nennen. Die Berufsbezeichnung ist geschützt. Damit will der Gesetzgeber sicherstellen, dass nur besonders qualifizierte Personen ein Gebäude planen und realisieren. Schließlich ist der Bau eines Hauses eine komplizierte Angelegenheit, bei der viele Aspekte berücksichtigt werden müssen. Ein Architekt muss die Bauvorschriften kennen, über Baustoffe Bescheid wissen, Kosten realistisch abschätzen und berechnen, die Qualität von Handwerkerleistungen kontrollieren und einiges mehr.

Architekt muss Kammermitglied sein

Erst nach Eintritt in eine Architektenkammer (→ Kasten, Seite 19) darf sich jemand Architekt nennen. Dazu muss er nachweisen, dass er ein anerkanntes Architekturstudium erfolgreich abgeschlossen hat. Außerdem muss er schon mindestens zwei Jahre praktisch gearbeitet haben und den Besuch von Weiterbildungsmaßnahmen nachweisen.

Arbeitsfeld des Architekten

Das traditionelle Arbeitsfeld von Architekten umfasst das Entwerfen von neuen Bauwerken – Wohn- und Geschäftshäuser ebenso wie beispielsweise Krankenhäuser und Schulen –, die Planung von Um- und Ausbauten sowie die Sanierung von bestehenden Gebäuden. Außerdem sorgen sie für die Realisierung der Bauten, indem sie die Baugenehmigung einholen, die Ausschreibung und Vergabe der Handwerkerleistungen koordinieren, die Ausführung

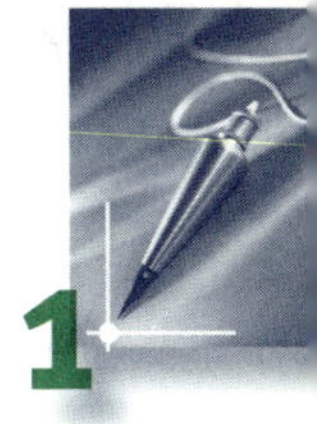

Architektenkammer

Eine Architektenkammer gibt es in jedem Bundesland (Adressen ···› Seite 180). Diese Kammern sind Körperschaften des öffentlichen Rechts. Zu ihren Aufgaben gehört es, darauf zu achten, dass ihre Mitglieder ihre beruflichen Pflichten einhalten. Sie sind auch Ansprechpartner für Bauherren bei Beschwerden und wenn es bei Bauvorhaben zu Streitigkeiten kommt. Sie bieten ein Schlichtungsverfahren an, durch das sich Prozesse oft vermeiden lassen. Viele Kammern geben zudem Verzeichnisse oder Informationen im Internet heraus, die bei der Suche nach einem Architekten helfen. Zu den Aktivitäten der Architektenkammern gehört es, das Verständnis für Architektur und Baukultur zu fördern, etwa durch Veranstaltungen und Publikationen, Behörden und Gerichte zu beraten und Sachverständige zu benennen.

der Arbeiten überwachen und das Bauvorhaben nach Abschluss der Arbeiten dokumentieren, das heißt, die wichtigsten Unterlagen und Pläne in einer »Hausakte« zusammenstellen.

Vielfältige Spezialisierungen bei Architekten

Viele Architekten spezialisieren sich während ihrer Berufsjahre auf bestimmte Tätigkeitsbereiche, etwa den Wohnungsbau oder ökologisches Bauen. Andere sind in Bereichen tätig, mit denen der normale Bauherr kaum in Berührung kommt: Sie machen beispielsweise als Projektentwickler bei großen Bauvorhaben Standortuntersuchungen und Machbarkeitsstudien oder kümmern sich um die Instandhaltung ganzer Gebäudekomplexe *(Facility-Management)*.

Innenarchitekten, Landschaftsarchitekten und Stadtplaner

Neben den klassischen Hochbauarchitekten gibt es Innenarchitekten, Landschaftsarchitekten und Stadtplaner. Sie haben entsprechende Studiengänge absolviert, die ihnen in diesen Bereichen besondere Kenntnisse vermitteln. Auch ihre Berufsbezeichnungen sind geschützt. Je nach Bedarf wird Ihr Architekt vorschlagen, einen auf diese Weise spezialisierten Kollegen hinzuziehen. Bei bestimmten Bauvorhaben empfiehlt es sich sogar, dass sich der Bauherr von vornherein direkt an diese Fachleute wendet.

Innenarchitekt

Der Innenarchitekt ist der Spezialist für die Gestaltung von Innenräumen. Besonders beim Umbau oder der Sanierung von alten Gebäuden ist er der richtige Ansprechpartner. Er beurteilt die Bausubstanz, plant die Baumaßnahmen, holt – soweit erforderlich – die Baugenehmigung ein und überwacht die Durchführung der Arbeiten. Darüber hinaus ist der Innenarchitekt der Fachmann, wenn es um die Nutzung der Räume geht: Er berät in Sachen Einrichtung, hilft bei der Planung von Bädern und Küchen und entwirft auf Wunsch einzelne Möbelstücke. Auch mit Haustechnik und Lichtplanung kennt er sich aus.

Landschaftsarchitekt

Der Landschaftsarchitekt ist der Experte für die Planung von Gärten; ihn empfiehlt es sich einzuschalten, wenn Wert auf professionell gestaltete Freiflächen gelegt wird. Landschaftsarchitekten planen Gärten wie Kunstwerke – sie beziehen dabei Kriterien wie Raumaufteilung, Perspektiven und Kontraste ebenso ein wie die Nutzungswünsche der Bauherren. Ihre Gestaltungsmaterialien sind – neben Pflanzen – Wasser und verschiedenste Materialien für die Weg- und

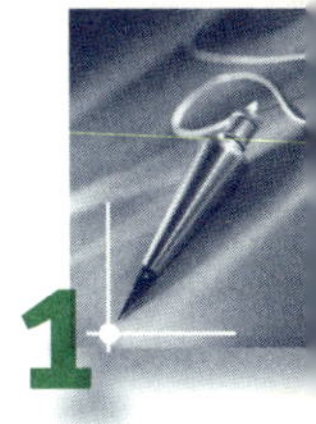

Beetgestaltung. Sie wissen auch, für welche Anlagen – etwa Carport, Pavillon oder Swimmingpool – eine Genehmigung eingeholt werden muss und ob lokale Vorgaben existieren, die eingehalten werden müssen, beispielsweise für den Baumschutz.

Stadtplaner

Mit Stadtplanern kommt der private Bauherr wenig in Kontakt. Sie legen durch ihre Tätigkeit die Grundlagen für die Entwicklung der Städte und Gemeinden, indem sie nach den Vorgaben der Kommunalpolitik zum Beispiel Flächennutzungs- und Bebauungspläne (→ Seite 77) aufstellen. Aus diesen Plänen lässt sich unter anderem ablesen, wie Grundstücke genutzt und wann und wie sie bebaut werden sollen. Stadtplaner erarbeiten auch Fachgutachten zu ökologischen Fragen und Satzungen für Sanierungsgebiete und Denkmalbereiche.

Grenzen des Leistungsspektrums beim Architekten

Architekten haben zwar ein breites Leistungsspektrum, aber ihre Aufgaben und Kompetenzen kennen auch Grenzen. Ein Architekt kann zur Finanzierung des Hauses den einen oder anderen Tipp beisteuern, zum Beispiel welche Fördermittel genutzt werden können, aber er ist kein Finanzberater. Ein Architekt wird einen Entwurf zwar in der Regel so gestalten, dass das Bauwerk den Anforderungen und Belastungen standhält, aber er ist kein Tragwerksplaner. Für die genaue Berechnung der Statik eines Gebäudes ist es in der Regel erforderlich, einen Fachingenieur hinzuzuziehen. Genauso wenig packt der Architekt auf der Baustelle mit an; er ist kein Handwerker. Seine Aufgabe ist es vielmehr, die Ausführung der Arbeiten zu überwachen.

Hilfe bei der Grundstückssuche

Bauland in Ballungsräumen knapp

Besonders in Ballungsräumen ist es für den einzelnen Bauherrn oft schwierig, ein für seine Zwecke geeignetes und bezahlbares Gelände zu finden. Damit ein Grundstück bebaut werden darf, muss es nämlich von der Kommune als Bauland ausgewiesen und für den Wohnungsbau vorgesehen sein. Da die Ländereien von Städten und Gemeinden aber begrenzt sind, stehen diese häufig vor der Frage, ob sie die Flächen für neue Industrie- und Gewerbeansiedlungen oder für Wohnhäuser zur Verfügung stellen sollen. Um die lokale Wirtschaftskraft zu fördern, entscheiden viele Kommunen zugunsten neuer Unternehmen. Das ist ein Grund dafür, dass Bauland für neue Wohnungen knapp und teuer ist. Der andere Grund liegt darin, dass das Platzangebot insgesamt begrenzt ist, besonders in großen, dicht bebauten Städten und ihrem Umland. In Kleinstädten und Dörfern sind die Chancen für den Einfamilienhausbauer, ein preiswertes Grundstück zu finden, sehr viel größer. Dafür ist die Anfahrt zum Arbeitsplatz häufig lang und die Versorgung mit Geschäften, Arztpraxen, Schulen und Kindergärten mangelhaft. Diese Vor- und Nachteile sollten Sie sorgfältig gegeneinander abwägen.

Möglichkeiten der Grundstückssuche

Um ein Grundstück zu finden, können Sie viele Wege einschlagen. Bei der örtlichen Baubehörde erfahren Sie, wann und wo demnächst neue Baugebiete ausgewiesen werden. Weitere Anlaufstellen sind Immobilienmakler und die Immobilienabteilungen von Banken und Sparkassen. Auch im Immobilienteil der Tageszeitungen werden Grundstücke angeboten; möglich ist natürlich auch, selbst eine Annonce aufzugeben. Und wenn Sie wissen, wo gerade neu gebaut wird, können Sie sich bei einem Spaziergang vor Ort bei den Häuslebauern erkundigen, ob noch Grundstücke frei sind.

Baulandsuche – die wichtigsten Kriterien	sehr wichtig	wichtig	weniger wichtig
Ausstattungsqualität	☐	☐	☐
Bodenverhältnisse, Tragfähigkeit des Grundstücks	☐	☐	☐
Himmelsrichtung	☐	☐	☐
Lichteinfall	☐	☐	☐
Erschließungszustand der Umgebung	☐	☐	☐
aktuelle Planungsvorhaben der Gemeinde in der näheren Umgebung	☐	☐	☐
Lärm	☐	☐	☐
Baubeschränkungen	☐	☐	☐
Baulasten (z. B. Wegerecht)	☐	☐	☐
Beschränkungen der Nutzbarkeit des Grundstücks für andere Zwecke (z. B. Werkstatt, Büro)	☐	☐	☐
Baumbestände (Baumschutz)	☐	☐	☐
Image des Wohngebiets	☐	☐	☐
Altersstruktur der Nachbarn	☐	☐	☐
Verkehrsanbindung	☐	☐	☐
Einkaufsmöglichkeiten in der Nähe	☐	☐	☐
öffentliche Einrichtungen in der Nähe	☐	☐	☐
Freizeiteinrichtungen in der Nähe	☐	☐	☐
Banken, Behörden, Ärzte in der Nähe	☐	☐	☐
Preis-Leistungs-Verhältnis	☐	☐	☐
Wiederverkaufswert	☐	☐	☐
	☐	☐	☐
	☐	☐	☐
	☐	☐	☐

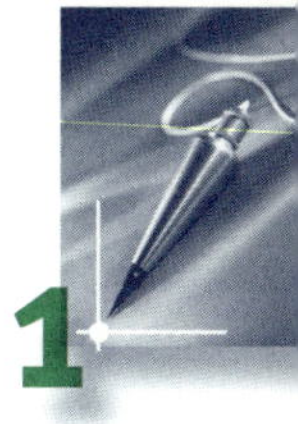

Architekten sind für einen Grundstückskauf die falsche Adresse. Das so genannte Kopplungsverbot (···> Kasten, Seite 24) untersagt ihnen derartige Geschäfte. Damit wollte der Gesetzgeber verhindern, dass Architekten ihre besondere Kenntnis des Immobilienmarkts dazu nutzen, auch direkt einen Planungsauftrag zu akquirieren. Ob das Verbot noch zeitgemäß ist, ist umstritten.

Kopplungsverbot

Architektenverträge, die unter Verstoß gegen das Kopplungsverbot gemäß Artikel 10 § 3 Mietrechtsverbesserungsgesetz zustande kommen, sind unwirksam. Es ist untersagt, dass sich ein Grundstückserwerber bei Abschluss des Grundstückskaufvertrags verpflichtet, die Leistungen eines bestimmten Architekten bei der Ausführung von Bauleistungen auf dem erworbenen Grundstück in Anspruch zu nehmen. Dieses Verbot ist berufsstandsbezogen, es gilt also nur für Architekten mit Kammermitgliedschaft, nicht aber für Bauträger.

Um Umgehungsgeschäfte zu verhindern, wird das Kopplungsverbot weit ausgelegt. Wird gegen das Kopplungsverbot verstoßen, so ist der Architektenvertrag nichtig, der Grundstückskaufvertrag bleibt dagegen wirksam. Dem Architekten steht jedoch ein Anspruch aus ungerechtfertigter Bereicherung zu, weil der Bauherr die bis dahin erbrachten Planungsleistungen des Architekten verwertet hat. Für den Architekten ist der Verstoß gegen das Kopplungsverbot also nicht ganz so schwerwiegend. Der Bauherr dagegen trägt das folgende Risiko: Er hat wegen der Ungültigkeit des Vertrags gegenüber dem Architekten weder Erfüllungs- noch Gewährleistungsansprüche. Ist der Bau also vollendet oder weit fortgeschritten, bekommt der Architekt sein Geld. Er kann jedoch die Fortsetzung seiner Tätigkeit ablehnen und unter Umständen einen nur halbfertigen Bau zurücklassen.

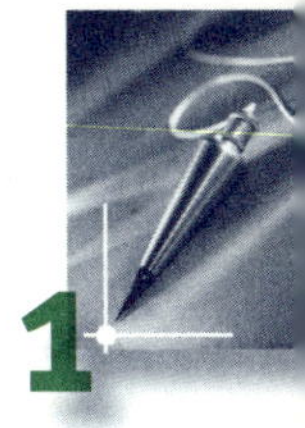

Architekten haben in der Regel Überblick über den Grundstücksmarkt

Zwar darf der Architekt keine Grundstücke direkt vermitteln, er kann aber bei der Suche helfen. Weil Architekten durch ihren Beruf ohnehin viel mit den Baubehörden zu tun haben, wissen sie oft, wo die Ausweisung neuer Flächen für den Wohnungsbau geplant ist und an wen sich der Bauherr wenden muss, um seinen Grundstückswunsch anzumelden. Manchmal kennen sie Grundstückseigentümer auch persönlich und wissen, was zum Verkauf steht. Frühzeitig geklärt werden sollte auch, ob das ins Auge gefasste Grundstück bereits erschlossen ist oder in welcher Höhe durch die Erschließung (⇢ Kasten) Kosten auf den Bauherrn zukommen.

Erschließung

Unter Erschließung wird die Schaffung der technischen Infrastruktur im öffentlichen Bereich für ein Grundstück verstanden. Dazu zählen die Verlegung von Wasserleitungen, Stromkabeln, Telekommunikationsleitungen, aber auch die Anlage von Straßen, Gehwegen und Parkplätzen. In welchem Ausmaß die Bauwilligen daran beteiligt werden und welche Kosten dadurch auf sie zukommen, ist von Fall zu Fall unterschiedlich.

Vorhandenes Grundstück frühzeitig mit Architekt besichtigen

Wenn der Bauherr bereits über Bauland verfügt, empfiehlt sich eine gemeinsame Besichtigung mit dem Architekten. Dabei werden schon erste Überlegungen für die künftige Planung angestellt. Wichtig ist vor allem, wie das Haus später ausgerichtet sein wird; das ist wegen der Sonneneinstrahlung zum Beispiel beim Wärmeschutz und bei der Anlage von Balkon, Terrasse oder Wintergarten zu berücksichtigen. Auch wie der Boden beschaffen ist und ob Hanglage besteht, sollte frühzeitig geklärt werden.

Die Suche nach einem Architekten und die Beauftragung

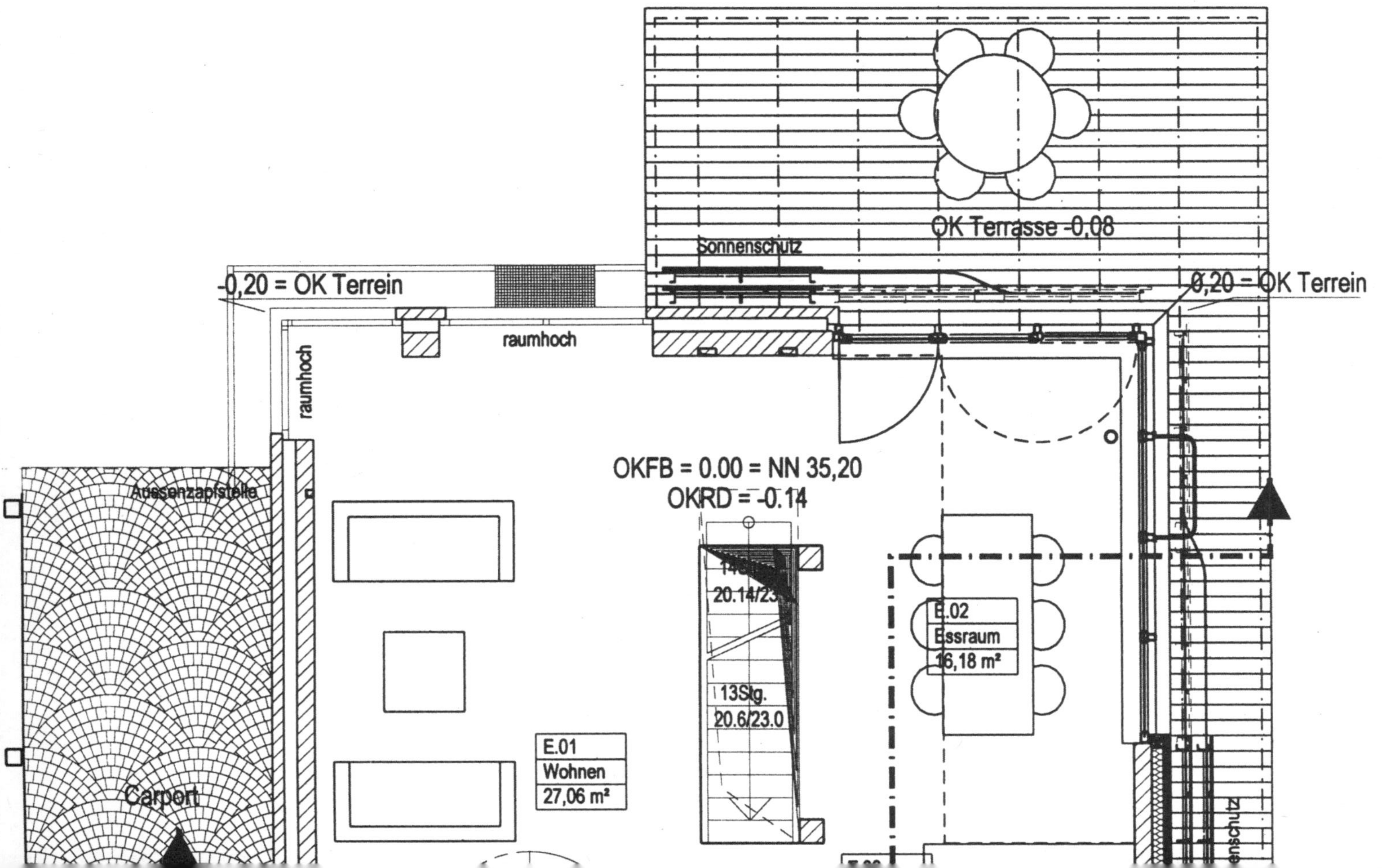
OK Terrasse -0,08
Sonnenschutz
-0,20 = OK Terrein
0,20 = OK Terrein
raumhoch
raumhoch
OKFB = 0.00 = NN 35,20
OKRD = -0.14
Aussenzapfstelle
20.14/23
13Stg.
20.6/23.0
E.02
Essraum
16,18 m²
E.01
Wohnen
27,06 m²
Carport
enschutz

Arbeitsschwerpunkte des Architekten

Architekten verstehen sich traditionell als Generalisten. Was sie über das Planen und Bauen wissen, versetzt sie grundsätzlich in die Lage, jedes Bauwerk zu errichten, seien es Einfamilienhäuser, ganze Wohnsiedlungen, Fabrikbauten oder Verwaltungsgebäude. Die Ausbildung von Architekten ist entsprechend breit angelegt. Neben der Planung und Realisierung von Neubauten übernehmen Architekten auch Aufgaben wie Sanierungen und An- und Umbauten, im Fachjargon Bauen im Bestand genannt.

Spezialisierung und Schwerpunktbildung bei Architekten

Gleichwohl kommt es bei den meisten Architekten im Lauf ihrer beruflichen Tätigkeit zu einer Spezialisierung. Das beginnt manchmal schon im Studium durch die Wahl eines entsprechenden Schwerpunktfachs, setzt sich während der zweijährigen berufspraktischen Zeit im Anschluss an die Ausbildung fort und entwickelt sich in den Jahren der Selbständigkeit weiter. Die persönliche Neigung des einzelnen Architekten spielt dabei ebenso eine Rolle wie die Auftragsstruktur, die sich teils zufällig, teils durch gezielte Akquisitionen ergibt. Viele Architekten bilden sich auch gezielt in Bereichen weiter, die sie interessieren. Typische Schwerpunktfelder sind etwa Wohnbauten, Verwaltungsbauten, Industriebauten, Sozialbauten und Sanierung/Umbau. Für Sie als Bauherr ist wichtig, dass der Architekt genügend Erfahrungen in dem Bereich mitbringt, in dem sich Ihr Auftrag bewegt. In der Regel wird das der Bereich Neubau und Sanierung/Umbau von Wohnbauten sein.

Aufschlussreich: Besichtigung von Referenzobjekten

Besonders, wenn Sie über die Empfehlung aus dem Bekanntenkreis an einen Architekten gekommen sind und wenig über ihn wissen, sollten Sie sich daher anfangs gezielt darüber informieren, wie sein Tätigkeitsschwerpunkt aussieht. Einen ersten Anhaltspunkt liefert, sofern vorhanden, die Homepage im Internet. Eine weitere

Möglichkeit ist ein unverbindlicher Anruf in dem Büro des Architekten. Fragen Sie, auf welche Bereiche der Architekt spezialisiert ist. Beim ersten persönlichen Gespräch sollten Sie sich zudem nach Referenzobjekten erkundigen und am besten eine kleine Auswahl persönlich besichtigen.

Je spezieller Ihre Wünsche sind, desto wichtiger ist es, dass der Architekt einschlägige Kenntnisse und Erfahrungen vorweisen kann. Von vielen Bauherren gefragt sind etwa das ökologische, das Kosten und Flächen sparende und das barrierefreie Bauen.

Ökologisches Bauen

Wärmeschutz und moderne Heiztechnik

Der sparsame Umgang mit ökologischen Ressourcen gehört heute bei allen Bauvorhaben zum Standard. So schreibt die gültige Energieeinsparverordnung vor, dass bestimmte Grenzen beim Energieverbrauch eingehalten werden. Das lässt sich durch einen entsprechenden Wärmeschutz in Kombination mit einer Energie sparenden Heiztechnik erreichen. Jeder Architekt weiß, welche Grenzwerte eingehalten werden müssen, und berät den Bauherrn hinsichtlich der Auswahl von Dämmmaterialien und Energiespartechnik.

Zum Standardprogramm bei der Planung gehört auch, die Grundrisse so festzulegen, dass sie den klimatischen Bedingungen Rechnung tragen, und die Fenster so zu dimensionieren und anzuordnen, dass möglichst wenig Wärmeverluste auftreten.

Umweltgerechte Baustoffe und Einrichtung

Doch viele Bauherren haben weitergehende Wünsche, nicht nur aus Gründen des Umweltschutzes. Zusätzliche Investitionen, um Energie und Wasser zu sparen, schonen langfristig den Geldbeutel und amortisieren sich nicht selten schon nach wenigen Jahren. Bei der Wahl umweltgerechter Baustoffe, Materialien und Einrichtungsgegenstände spielen darüber hinaus gesundheitliche Aspekte eine wichtige Rolle. Das gilt ganz besonders für gesundheitlich gefährdete Personengruppen wie Allergiker und Asthmakranke.

Typische Maßnahmen des ökologischen Bauens

Vergleichsweise verbreitete Maßnahmen des ökologischen Bauens sind

- Verwendung schadstofffreier oder -armer Baustoffe, zum Beispiel Holz, Kalksandstein, Ziegel, und Baumaterialien, zum Beispiel mineralische Dämmmaterialien, lösungsmittelfreie Farben und Lacke;
- Energie sparende Haustechnik, zum Beispiel Brennwerttechnik bei Heizungsanlage, zentrale Warmwasserbereitung, Wasser sparende Armaturen;
- Nutzung von Sonnenenergie;
- Regenwasser als Brauchwasser;
- Dachbegrünung;
- sickerfähige Beläge im Außenbereich.

Die meisten Architekten besitzen Kenntnisse im ökologischen Bauen, können also einschätzen, welche Maßnahmen sich für Sie lohnen, und Sie bei der Auswahl entsprechender Angebote beraten. Darüber hinaus gibt es Architekten, die sich – etwa durch Fortbildungen oder bei vorangegangenen Bauprojekten – tiefer in die Materie eingearbeitet haben und entsprechend fundierte Kenntnisse vorweisen können. Klären Sie möglichst früh, welche Ansprüche Sie haben und inwieweit der Architekt sie umsetzen kann. Gegebenenfalls kann Ihr Architekt auch einen spezialisierten Kollegen hinzuziehen.

Kosten und Flächen sparendes Bauen

Bauen hat seinen Preis – doch jeder Architekt kennt Kniffe, wie sich Baukosten reduzieren lassen. Feststehende Parameter, die auch er nicht verändern kann, sind der Preis des Grundstücks und die Erschließungskosten; auch auf die Höhe von Handwerkerrechnungen hat er nur insoweit Einfluss, als er dem Bauherrn zum Abschluss von Verträgen raten kann, die nach seiner Ansicht aufgrund des Ausschreibungsergebnisses das beste Preis-Leistungs-Verhältnis aufweisen.

Erhebliche Kosten lassen sich aber durch bestimmte Vorgaben bei der Planung einsparen. Dabei liegt es im Ermessen des Bauherrn, wie stark einerseits der Druck, Kosten zu senken, und andererseits das Bedürfnis nach optimalen Lösungen ist. Zwar lassen sich einige Maßnahmen ohne nennenswerten Verzicht auf Komfort verwirklichen, andere bedeuten jedoch Einschränkungen, die nicht jeder in Kauf zu nehmen bereit ist.

Möglichkeiten, Baukosten einzusparen

Möglichkeiten, Kosten einzusparen, bieten etwa

- Verzicht auf Unterkellerung;
- späterer Ausbau des Dachgeschosses in Eigenleistung des Bauherrn;
- klar gegliederte Grundrisse;
- einfache Tragsysteme;
- Einsatz industriell vorgefertigter Bauelemente, etwa für Wände, Geschossdecken und Balkone,
- geringe Geschosshöhen;
- einfache Ausbaustandards;
- leichte Trennwände, zum Beispiel aus Gipskarton, anstelle von Massivwänden.

Einsparpotenzial hängt auch von Projektgröße ab

Nicht jede Maßnahme ist für jedes Bauvorhaben gleichermaßen geeignet. Generell gilt, dass sich bei Reihenhäusern leichter Einsparungen erzielen lassen, weil hier ähnliche Grundrisse und – möglicherweise teils vorgefertigte – Bauelemente verwendet werden können. Auch das Einsparpotenzial durch eine sorgfältige Steuerung der Bauabläufe, etwa durch eine termingenaue Koordination der Handwerkerleistungen, ist bei einem umfangreichen Projekt größer als bei einem Einfamilienhaus.

Beispiele aus der Praxis zeigen, dass es etwa im verdichteten Reihenhausbau möglich ist, Architektenhäuser für 900 bis 1.100 € Bauwerkskosten je Quadratmeter Wohnfläche zu erstellen, ohne dass größere Abstriche an der Wohnqualität erforderlich sind.

Barrierefreies Bauen

Die barrierefreie Gestaltung von Häusern oder zumindest einzelner Geschosse, meist des Erdgeschosses, empfiehlt sich für Bauherren gerade dann, wenn ältere oder behinderte Menschen im Haushalt leben. Auch wenn Kinder im Haus sind, erleichtern barrierefreie Räume den Alltag.

Keine Hürden und Hindernisse im Außen- und Innenbereich

Barrierefreies Bauen meint, dass Außenbereiche, Räume und ihre Zugänge so gestaltet werden, dass es keine Hürden oder Hindernisse gibt, welche die Bewegungsmöglichkeiten beeinträchtigen. Wie viele »Stolpersteine« es im Alltag beispielsweise für Rollstuhlfahrer oder Eltern mit Kinderwagen gibt, merkt erst derjenige, der selbst einmal in einer derartigen Situation war.

Zu den Maßnahmen, an die Sie und der Architekt bei der Planung denken sollten, zählen etwa

- ausreichende Tür- und Flurbreiten;
- Verzicht auf Türschwellen und -leisten, schwellenfreier Zugang zum Balkon;
- bewegungsfreundliche Ausgestaltung der Bäder, unter anderem mit großer Dusche mit Klappsitz, zusätzlichen Haltegriffen, Einhebel-Armaturen;
- Abstellplatz für Rollstuhl im Eingangsbereich;
- im Außenbereich Ausgleich von Steigungen, Verzicht auf Treppen.

Maßnahmen des barrierefreien Bauens

Barrierefrei planen statt kostspielig »nachrüsten«

Wenn bereits bei der Planung auf Barrierefreiheit geachtet wird, sind die Mehrkosten unbedeutend; eine Ausnahme bildet hier allerdings der Einbau eines Aufzugs. Ein späteres »Nachrüsten« hingegen kann teuer werden, besonders wenn Zugänge und Türen verbreitert, Treppen durch Rampen ersetzt oder ganze Bäder neu gestaltet werden müssen. Es empfiehlt sich daher, gewisse Mindeststandards des barrierefreien Bauens auch dann einzuhalten, wenn die Bauherren jung und gesund sind und es keinen aktuellen Grund gibt, die Räume barrierefrei zu gestalten.

Was den Architekten vom Planer unterscheidet

Mitgliedschaft in Architektenkammer

Wer sich Architekt nennen darf, muss Mitglied in einer Architektenkammer (→ Seite 19) sein. Das ist keine Formalie, sondern mit bestimmten Rechten und Pflichten verbunden, die sich auch positiv auf das Verhältnis zum Bauherrn auswirken.

So haben in den meisten Bundesländern ausschließlich Kammermitglieder das Recht, ihre Entwürfe bei den Baubehörden einzureichen. Der Gesetzgeber behält diese so genannte Bauvorlageberechtigung (→ Kasten, Seite 34) aus gutem Grund einem Personenkreis vor, den er für qualifiziert hält. Er will dadurch sicherstellen, dass der Bau-

Bauvorlageberechtigung

Nicht jeder kann Entwürfe für Bauwerke zur Genehmigung bei den Baubehörden einreichen. Die Bauvorlageberechtigung ist einem bestimmten Personenkreis vorbehalten, der durch seine Ausbildung Pläne fehlerfrei und vorschriftengemäß erstellen kann. Architekten sind in allen Bundesländern bauvorlageberechtigt. Wichtig für Bauherren ist, dass mit der Bauvorlageberechtigung die Pflicht zum Abschluss einer Berufshaftpflichtversicherung verbunden ist. Die Mindestdeckungssummen sind gesetzlich vorgeschrieben, sie betragen in Nordrhein-Westfalen zum Beispiel 1.500.000 € für Personenschäden und 250.000 € für Sach- und Vermögensschäden. Diesen Versicherungsnachweis sollte sich der Bauherr unbedingt vor der Auftragserteilung zeigen lassen. Der Bauherr kann sich allerdings nicht mit einer Direktforderung unmittelbar an die Versicherung wenden – anders als etwa bei der Kfz-Versicherung –, er muss seine Ansprüche gegenüber dem Architekten geltend machen.

herr gut beraten wird, dass das Bauvorhaben gut geplant wird und Sicherheitserfordernissen genügt.

Voraussetzungen für Kammermitgliedschaft: Qualifikation, Berufserfahrung, Weiterbildung

Bei der Aufnahme in die Architektenkammer wird geprüft, ob der Bewerber die erforderliche Qualifikation besitzt, um seinen Beruf auszuüben. Dazu gehört ein abgeschlossenes Studium an einer Hochschule. Außerdem muss der Bewerber nachweisen, dass er bereits mindestens zwei Jahre praktisch tätig war und sich weitergebildet hat. Wird er in die Kammer aufgenommen, so verpflichtet ihn die Mitgliedschaft dazu, sich regelmäßig fortzubilden. Kammermitglieder sind darüber hinaus gesetzlich verpflichtet,

Gesetzliche Verpflichtungen für Architekten

- bei der Ausübung des Berufs darauf zu achten, dass das Leben und die Gesundheit Dritter, die natürlichen Lebensgrundlagen und bedeutende Sachwerte nicht gefährdet werden;
- die berechtigten Interessen des Auftraggebers zu wahren;
- Geschäfts- und Betriebsgeheimnisse zu wahren;
- sich entsprechend der Fort- und Weiterbildungsordnung der Architektenkammer fortzubilden und sich über die für die Berufsausübung geltenden Bestimmungen zu unterrichten;
- sich ausreichend gegen Haftpflichtansprüche zu versichern;
- berufswidrige Handlungen zu Zwecken des Wettbewerbs, insbesondere anpreisende Werbung zu unterlassen;
- die Verordnung über die Honorare für Leistungen der Architekten und der Ingenieure (HOAI ⟶ Seite 46) zu beachten;
- keine Vorteile von Dritten, die nicht Auftraggeber sind, zu fordern oder anzunehmen;
- das geistige Eigentum anderer zu achten und nur solche Entwürfe und Bauvorlagen mit ihrer Unterschrift zu versehen, die von ihnen selbst oder unter ihrer Leitung gefertigt wurden;
- sich gegenüber Berufsangehörigen sowie Mitarbeitern und in der Zusammenarbeit mit Angehörigen anderer Berufe kollegial zu verhalten;
- ihren Mitarbeitern die Teilnahme an erforderlichen Fort- und Weiterbildungsmaßnahmen zu ermöglichen.

Architekten, die gegen diese Grundsätze verstoßen, erwartet ein Verfahren vor dem Berufsgericht. Die Sanktionen reichen von Bußgeldern bis zum Ausschluss aus der Architektenkammer.

Schlichtungsstelle zur Beilegung von Streitigkeiten

Für den Bauherrn hat es noch einen weiteren Vorteil, mit einem Architekten zu bauen: Kommt es zu Streitigkeiten, die die Parteien nicht selbst beilegen können, kann die Schlichtungsstelle der Architektenkammer angerufen werden. Diese Schlichtungsstelle ist unabhängig und paritätisch besetzt. Den Vorsitz im Schlichtungsverfahren (····› Seite 175) übernimmt eine neutrale Person, etwa ein Jurist. Auf diese Weise wird ein teurer und langwieriger Rechtsstreit meist vermieden.

Planer oder Designer – keine geschützten Berufsbezeichnungen

Neben Architekten gibt es auch noch andere Dienstleister, die Bauherren ihre Dienste bei der Planung eines Hauses anbieten. Sie nennen sich zum Beispiel Planer oder Designer. Der Nachteil für den Bauherrn: Weil diese Berufsbezeichnungen nicht gesetzlich geschützt sind, kann er nicht sicher sein, dass sie eine hinreichende Qualifikation besitzen. Es entfallen auch alle anderen Schutzfunktionen für den Verbraucher, die sich mit der Kammermitgliedschaft verbinden. Das gilt übrigens auch, wenn ein Handwerker, etwa bei Umbauten, verspricht, eine Planung »nebenbei« zu erledigen. Und: Nicht verkammerte Planer dürfen ihre Pläne nicht bei der Baubehörde zur Genehmigung einreichen, weil ihnen die Bauvorlageberechtigung (····› Seite 34) fehlt. Sie müssen also auf die Suche nach einem Architekten gehen, der die Bauvorlage für sie erledigt. Das mag im Einzelfall funktionieren, bewegt sich rechtlich aber zumindest in einer Grauzone, denn Architekten ist es gesetzlich untersagt, Entwürfe zu unterschreiben, die nicht von ihnen selbst oder unter ihrer Leitung gefertigt wurden. Deshalb sollten Sie sich bei einer genehmigungspflichtigen Planung keinesfalls auf so ein Abenteuer einlassen.

Den richtigen Architekten finden

Der Bau eines Eigenheims ist für die meisten Bauherren ein einmaliges Ereignis. Weil dem Architekten hierbei eine zentrale Stellung zukommt, ist seine Auswahl eine der wichtigsten Entscheidungen, die Sie treffen müssen. Doch es ist eigenartig: Zwar informieren sich viele Menschen etwa beim Kauf eines Autos wochenlang über neue Modelle, bei der Suche nach einem Architekten aber vertrauen sie einfach auf einen Tipp aus dem Bekanntenkreis.

Das Kriterium einer persönlichen Beziehung sollte aber zumindest nicht allein ausschlaggebend für die Wahl eines Architekten sein. Zwar ist eine positive Mundpropaganda ein guter Anhaltspunkt dafür, ob der Planer vertrauenswürdig ist und seine Zusagen einhält. Aber selbst wenn Sie wissen, dass ein anderer Bauherr mit den Leistungen eines Architekten rundum zufrieden war, lässt das nicht automatisch darauf schließen, dass dieser auch für Sie der geeignete Fachmann ist. So verschieden der Geschmack beispielsweise in Hinblick auf Wohnungseinrichtungen sein kann, so unterscheiden sich auch die Vorlieben, was das Äußere eines Hauses angeht. Je nach Bauvorhaben sind außerdem ganz unterschiedliche Qualifikationen und Fähigkeiten des Architekten gefordert.

Architekt aus der Umgebung oder: Die Vorteile kurzer Wege

In der Regel wird der Bauherr einen Architekten wählen, der in der näheren Umgebung des Bauvorhabens ansässig ist. Die kurzen Wege erleichtern es nicht nur dem Bauherrn selbst, engen Kontakt zu halten, sondern tragen auch dazu bei, dass der Architekt die Abläufe besser koordinieren kann und das Geschehen auf der Baustelle gut im Blick hat. Außerdem spart der Bauherr durch kurze Anfahrtswege des Architekten Kosten.

Möglichkeiten der Architektensuche

Erste Möglichkeiten, die Suche nach dem passenden Architekten einzugrenzen, sind

- die **Internet-Suchmaschinen,** die viele **Architektenkammern** anbieten. Hier erhalten Sie anhand von Kriterien wie Ort, Fachrichtung und manchmal auch Spezialisierung auf bestimmte Tätigkeitsbereiche einen ersten Überblick über das »Angebot« an Architekten in Ihrer Region. Viele dieser Architekten haben außerdem eine eigene **Homepage,** die Sie über einen Link erreichen können. Dort informieren sie über ihr Büro und stellen Beispiele für von ihnen gestaltete Bauwerke vor.

Architektensuche im Internet: Mit der Suchmaschine der Architektenkammer Nordrhein-Westfalen lässt sich die Recherche zum Beispiel auf bestimmte Tätigkeitsschwerpunkte oder Orte einschränken.

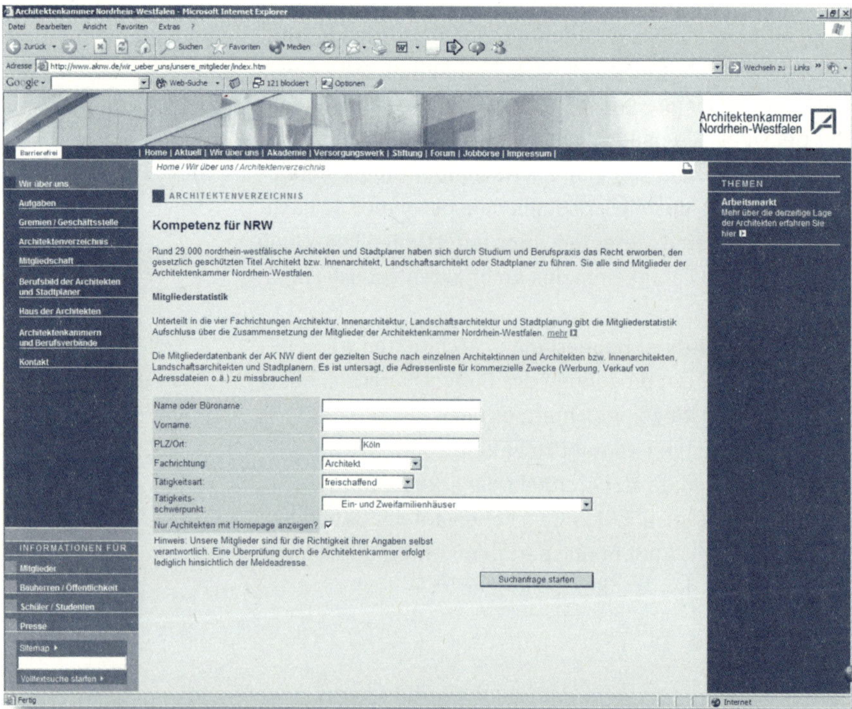

- **Suchmaschinen** bieten auch **Architektenverbände** wie der Bund Deutscher Baumeister (BDB) oder der Bund Deutscher Architekten (BDA). In größeren Städten haben diese Verbände außerdem örtliche Vertretungen, die bei der Suche nach einem geeigneten Kollegen helfen können.
- Einige Architektenkammern, etwa die in Sachsen, halten auch **Büroverzeichnisse** in gedruckter Form bereit. Sie sind kostenlos oder gegen ein geringes Entgelt bei der jeweiligen Kammer (Adressen → Seite 180) zu bestellen.
- Das Werbeverbot für Architekten, das lange Zeit bestand, ist inzwischen in fast allen Bundesländern gelockert worden. Architekten dürfen zwar – ähnlich wie Ärzte und Anwälte – keine marktschreierische oder aufdringliche Reklame machen, aber sie können mit ihrem Werk werben. In Tageszeitungen und Magazinen finden Sie daher zunehmend **Anzeigen,** in denen Architekten zeigen, was sie gebaut haben.
- **Spaziergänge durch Neubaugebiete** helfen Ihnen herauszufinden, welcher Stil Ihren Geschmack trifft. Wenn Ihnen ein Haus besonders gut gefällt, erkundigen Sie sich einfach bei den Eigentümern nach dem Architekten.

Bei der Frage, welchen Architekten Sie auswählen, kann auch die Bürogröße eine Rolle spielen. Traditionell gilt, dass der Markt für Architekturbüros aus sehr kleinen Einheiten besteht. Das ist ähnlich wie bei Ärzten oder Anwälten: Weil es sehr auf das individuelle Know-how und auf das persönliche Vertrauensverhältnis zum Klienten ankommt, sind schon »Gemeinschaftspraxen« eher die Ausnahme als die Regel.

Eine Untersuchung der Architektenkammer Nordrhein-Westfalen aus dem Jahr 2002 ergab: Über 75 Prozent der freischaffenden Architekten in diesem Bundesland sind Alleininhaber ihres Büros. Knapp ein Drittel beschäftigt überhaupt keine Mitarbeiter, nur etwas mehr als drei Prozent der Büros haben mehr als zehn Angestellte. Rückschlüsse auf die Qualifikation des Architekten insbesondere im Einfamilienhausbau lässt die Bürogröße nicht zu – zumal viele Freischaffende mit anderen Büros kooperieren, wenn eine Spezialfrage auftritt.

Ein- und Zweifamilienhäuser üblicherweise eher von kleinen Architekturbüros betreut

Größere Architekturbüros mit mehreren Angestellten haben zwar personell bessere Möglichkeiten, die Projekte je nach Tätigkeitsschwerpunkt der einzelnen Mitarbeiter unter sich zu verteilen. Doch für einen »Einzelkämpfer« haben Sie als privater Bauherr, proportional betrachtet, ein größeres Gewicht, sodass sich der Architekt tendenziell intensiver mit Ihrem Auftrag beschäftigt. Als Faustregel lässt sich sagen: Sehr umfangreiche Planungsprojekte wie die Errichtung ganzer Wohnsiedlungen werden eher von größeren Architekturbüros mit mehreren Angestellten wahrgenommen, während kleine Büros auch eher kleine Projekte betreuen. Wer mit dem Anbau eines Standardwintergartens zum »Stararchitekten« geht, tut sich damit keinen Gefallen. Wenn so ein Architekt einen kleinen Auftrag überhaupt annimmt, ist dieser Bauherr vielleicht nicht unbedingt der wichtigste Vertragspartner. Darüber hinaus ist die Wahl des Architekten auch davon abhängig, ob und welche Sonderwünsche Sie mitbringen, welche Arbeitsschwerpunkte also gegebenenfalls gefragt sind (→ Seite 28).

Entscheidungshilfen: Vorgespräch mit dem Architekten, Referenzobjekte, Modelle und Fotos realisierter Bauten

Haben Sie einen oder mehrere Architekten ins Auge gefasst, so sollten Sie ein Vorgespräch führen. Eine solche Vorbesprechung ist in der Regel kostenlos. Schildern Sie kurz Ihr Bauvorhaben und fragen Sie, ob der Architekt schon ähnliche Bauten realisiert hat. Lassen Sie sich Referenzobjekte zeigen. Jeder Architekt besitzt Modelle oder Fotos von Bauten, die er bereits geplant hat. Sie sollten sich nach Möglichkeit auch die Adressen geben lassen und das eine oder andere Haus persönlich besichtigen, denn vor Ort können Sie sich am treffendsten ein Bild davon machen, was Ihnen an einem Gebäude tatsächlich gefällt – und was nicht.

Last, but not least: Stimmt die zwischenmenschliche »Chemie«?

Neben der fachlichen Qualifikation des Architekten und der Frage des Geschmacks spielt das Zwischenmenschliche eine nicht unerhebliche Rolle: Achten Sie bewusst darauf, ob Sie das Gefühl haben, mit dem Architekten oder der Architektin längerfristig gut zurechtzukommen. Die Planung und Realisierung eines Eigenheims bedingt eine enge Zusammenarbeit zwischen dem Bauherrn und dem Architekten. Sie führen viele Gespräche, und wahrscheinlich wird bei einem so komplexen Projekt nicht alles so glatt laufen, wie Sie es sich im Idealfall wünschen. Gelegentliche Meinungsverschiedenheiten bleiben da nicht aus. Um so wichtiger, dass der Architekt nicht nur fachlich qualifiziert ist, sondern dass auch die »Chemie« zwischen ihm und dem Bauherrn stimmt.

Was Sie unter anderem prüfen sollten:
- Geht der Architekt auf meine Wünsche und Bedürfnisse ein?
- Bemüht er sich, auch schwierige Sachverhalte so zu erklären, dass ich sie verstehe?
- Werden meine Fragen zur Zufriedenheit beantwortet?
- Scheint er für mein Bauvorhaben ausreichend freie Kapazitäten zu haben, nimmt er sich genügend Zeit für mich? Hält er sich pünktlich an Termine und Verabredungen?
- Wirkt er kompetent?

Wie wollen wir wohnen?

Frauen und Männer haben häufig unterschiedliche Wohnbedürfnisse

Jeder Bauherr will ein Haus, das seinen Ansprüchen und den Bedürfnissen seiner Familie am besten entspricht. Damit der Architekt diese Vorstellungen umsetzen kann, kommt es darauf an, diese Bedürfnisse möglichst genau zu definieren und dann in ein Raumprogramm zu übersetzen. Das ist in der Praxis ein häufiger Konfliktpunkt. Die Erfahrung zeigt besonders, dass Frauen und Männer häufig unterschiedliche Vorstellungen in Hinblick auf Anordnung und Gestaltung der Räume haben. Das liegt nicht nur am individuellen Geschmack, sondern auch daran, dass für sie unterschiedliche Nutzungsaspekte Priorität haben.

Die jetzige Wohnung als Maßstab für die zukünftigen eigenen vier Wände

Um einvernehmliche Lösungen zu finden, sollten Sie bereits vor dem ersten Kontakt mit dem Architekten eine grobe Vorstellung davon entwickeln, was Sie von Ihrem künftigen Heim erwarten. Ein guter Ausgangspunkt dafür ist die jetzige Wohnung: Was stört, was soll anders werden? Welche Räume sind zu klein, welche vielleicht zu groß, welche brauchen Sie zusätzlich und für welche Zwecke?

Wie sehen die gemeinsamen Pläne für die Zukunft aus, und was folgt daraus für die Gestaltung des Eigenheims? Zur Orientierung tragen auch Besuche bei Freunden und Bekannten bei, die bereits gebaut haben. Selbst wenn Sie deren Haus schon kennen, sehen Sie es mit anderen Augen, wenn Sie selbst bauen wollen. Weitere Anregungen bieten Architektur- und Wohnzeitschriften. Nach und nach kristallisiert sich auf diese Weise eine Vorstellung heraus. Zur Vorbereitung gehört auch, dass Sie abklären, wie groß Ihr Budget für den Hausbau ist.

Tipp: Alle Fragen zur Finanzierung eines Bauvorhabens werden im Ratgeber »Baufinanzierung« (ca. 180 Seiten, 14,90 €, → Seite 191) beantwortet, der von den Verbraucherzentralen (Adressen → Seite 182) herausgegeben wird.

Wohnwünsche und finanzielle Möglichkeiten in Übereinstimmung bringen

Bereits im ersten Gespräch mit dem Architekten sollten die Wünsche überschlägig mit den zur Verfügung stehenden finanziellen Mitteln abgeglichen werden. Das Ergebnis fällt möglicherweise ernüchternd aus – Sie stellen fest, dass Ihre Träume erheblich kostspieliger sind, als Sie erwartet haben. Hier kann der Architekt helfen. Er berät Sie in Hinblick auf die Wünsche, die am ehesten entfallen können, und sucht nach kostengünstigeren Alternativen. Von nun an entwickelt sich in einer Reihe von Gesprächen ein immer konkreteres Bild, wie Ihr Traumhaus einmal aussehen wird. Der Architekt wird zunächst Skizzen anfertigen und dann einen Vorentwurf, bevor der endgültige Entwurf fertig ist (→ Seite 83).

Tipp: Auch wenn es zeitlich schwierig ist, empfiehlt es sich, dass bei wichtigen Gesprächen mit dem Architekten und vor allem immer dann, wenn Entscheidungen anstehen, beide Partner anwesend sind. Ist das einmal nicht möglich, sollten Sie Ihren Partner auf jeden Fall ausführlich über die getroffenen Absprachen und Vereinbarungen informieren.

Welche Kosten kommen auf den Bauherrn zu?

Als Bauherr möchten Sie zu einem frühen Zeitpunkt und möglichst zuverlässig wissen, welche Kosten durch den Hausbau auf Sie zukommen. Der Architekt ermittelt schon zu einem frühen Zeitpunkt die Kosten. Dabei ist zu berücksichtigen, dass die Genauigkeit vom Planungsstand abhängig ist. Ferner ist zu bedenken, dass Ihr Haus ein Unikat sein wird, bei dem Sie Ihre individuellen Wünsche realisieren können.

Honorarfreie Akquisition oder bezahlte Architektenleistung?

Vorbereitende Tätigkeiten und Akquisitionsleistungen des Architekten

Wie bei allen anderen freien Berufen gibt es auch beim Architekten keine kostenlosen Leistungen. Der Architekt erläutert Ihnen anhand der Honorarordnung für Architekten und Ingenieure (HOAI), welche Honorare bei Ihrem Bauvorhaben anfallen. Zum Teil werden allerdings bestimmte Vorarbeiten vom Architekten auf eigenes Risiko erbracht, bevor es zum Abschluss eines umfassenden Architektenvertrags kommt. Wenn aus diesem Grund nur vorbereitende Tätigkeiten im Hinblick auf die Vorplanung erbracht werden, ist damit keine Vergütungspflicht für den Bauherrn gegeben. Denn die Vergütungspflicht ist lediglich Rechtsfolge, nicht aber Voraussetzung eines Architektenvertrags.

Tipp: **Wenn es um unentgeltliche Architektenleistungen geht, sollten Sie als Bauherr mit dem Architekten darüber eine ausdrückliche und beweisbare Vereinbarung treffen. Beruft sich der Bauherr als Auftraggeber darauf, die vom Auftragnehmer erbrachte Architektenleistung nicht bezahlen zu müssen, so trägt er die Beweislast.**

Wird allerdings keine Vereinbarung getroffen, wird man von den folgenden Faustregeln ausgehen können:

- Weist der Architekt nach, dass er mit Planungsleistungen vom Bauherrn beauftragt wurde, ist grundsätzlich davon auszugehen, dass er diese Tätigkeit nur gegen Honorar erbringt.
- Wird der Architekt freiwillig und auf eigene Initiative tätig, also ohne vom Bauherrn beauftragt zu sein, ist davon auszugehen, dass es sich um eine honorarfreie Akquisitionstätigkeit handelt.
- Nur bei geringfügigen Arbeiten ist davon auszugehen, dass diese unentgeltlich erbracht werden. Je konkreter die Planung wird, um so unwahrscheinlicher ist, dass es sich um honorarfreie Werbung handelt. Die Grenze liegt dort, wo der Architekt absprachegemäß in die konkrete Planung übergeht.

Die Berechnung des Architektenhonorars

HOAI ist verbindliche Grundlage der Honorarberechnung

Architektenleistungen werden nach einer gesetzlichen Gebührenordnung abgerechnet, der Honorarordnung für Architekten und Ingenieure (HOAI), die verbindliches Preisrecht ist. Aufgrund dieses komplexen Regelwerks ist die Honorierung eines Architekten für den Auftraggeber nicht leicht nachzuvollziehen.

Die Geltung der HOAI muss nicht gesondert vereinbart werden. Sie ist bereits dann der Abrechnung des Architektenhonorars zugrunde zu legen, wenn Leistungen, die in dieser Gebührenordnung beschrieben sind, Gegenstand des Vertrags sind. Vertragliche Vereinbarungen über das Honorar sind nach der HOAI nur eingeschränkt möglich.

Höhe der Baukosten und Schwierigkeitsgrad der Planung sind bestimmende Größen für Architektenhonorar

Das Architektenhonorar wird nach Maßgabe verschiedener Faktoren berechnet. Es orientiert sich an den Kosten der Baumaßnahme und der Schwierigkeit der Planung, nicht jedoch am Aufwand des Architekten. Da der Architekt eine geistig-schöpferische Leistung zu erbringen hat, wird seine Tätigkeit subjektiv häufig unterbewertet. Als Faustregel lässt sich angeben, dass der Architekt bei Beauftragung mit der so genannten Vollarchitektur, das heißt mit allen bei der Errichtung eines Hauses anfallenden Leistungsphasen (→ Seite 54), und bei einem mittleren Schwierigkeitsgrad etwa zwischen 13 und 15 Prozent der Nettobaukosten (→ Kasten, Seite 47) erhält.

Zusammensetzung der Baukosten

Die Kosten im Hochbau werden für die Honorarberechnung nach einer technischen Norm, der DIN 276 (1981), ermittelt. Die Gesamtkosten werden danach in folgende Kostengruppen untergliedert:

→ Kosten des Baugrundstücks,
→ Kosten der Erschließung,
→ Kosten des Bauwerks,
→ Kosten des Geräts,
→ Kosten der Außenanlagen,
→ Kosten für zusätzliche Maßnahmen,
→ Baunebenkosten.

In die Abrechnung nach der HOAI gehen folgende Faktoren ein:

→ anrechenbare Kosten nach § 10 HOAI;
→ Honorarzone nach §§ 11, 12 HOAI (→ Seite 51);
→ Honorartafel nach § 16 HOAI (→ Seite 52);
→ Leistungsbild nach § 15 HOAI (→ Seite 54).

■ Die anrechenbaren Kosten

Kostenermittlung in vier Stufen

Die Kosten hat der Architekt gemäß § 15 HOAI in vier Schritten nach DIN 276 (1981) zu ermitteln. Hierbei gilt, dass die HOAI von einem zeitlichen Nacheinander der einzelnen Leistungsphasen (→ Seite 54) ausgeht. Mit einer neuen Leistungsphase soll erst dann begonnen werden, wenn die vorherige abgeschlossen ist. Die Kostenermittlungen sollen daher die zu diesem Zeitpunkt bekannten Kosten möglichst genau wiedergeben. Dies führt zu der folgenden Aufgliederung:

- die **Kostenschätzung** in der Leistungsphase 2;
- die **Kostenberechnung** in der Leistungsphase 3;
- der **Kostenanschlag** in der Leistungsphase 7;
- die **Kostenfeststellung** in der Leistungsphase 8.

Die vier Stufen der Kostenermittlung

- **Kostenschätzung** (Grundleistung bei der Vorplanung, Leistungsphase 2 → Seite 54): Sie dient zur überschlägigen Ermittlung der Gesamtkosten und bildet die vorläufige Grundlage für Überlegungen zur Baufinanzierung. Dabei sind in erster Linie Kostenrichtwerte (zum Beispiel €/m², €/Nutzeinheit, €/m³) anhand möglichst genauer Bedarfsangaben (Flächen, Nutzeinheiten, Rauminhalte) und Planungsunterlagen heranzuziehen. Bei der Kostenschätzung ist das Formblatt nach DIN 276 (1981), Teil 3, Anhang 1 zu beachten.

- **Kostenberechnung** (Grundleistung bei der Entwurfsplanung, Leistungsphase 3 → Seite 54): Hier werden die Kostengruppen aus der Kostenschätzung detaillierter aufgegliedert und die angenäherten Gesamtkosten ermittelt. Die Kostenberechnung ist Voraussetzung für die Entscheidung, ob das Bauvorhaben wie geplant durchgeführt werden soll. Für die erforderliche Finanzierung stellt sie die Basis dar. Die Berechnung hat nach genauen Bedarfsangaben und Nutzungsbedingungen sowie Planunterlagen im Rahmen von Mengen- und Preisermittlungen zu erfolgen. Die Kostenberechnung orientiert sich am Formblatt nach DIN 276 (1981), Teil 3, Anhang 2.

→ **Kostenanschlag** (Grundleistung im Rahmen der Mitwirkung bei der Vergabe, Leistungsphase 7 → Seite 54): Die tatsächlich zu erwartenden Kosten werden ermittelt, indem Angebote von Auftragnehmern, Eigenberechnungen, Honorar- und Gebührenrechnungen und andere für das Baugrundstück, die Erschließung und die vorausgehende Planung bereits entstandene Kosten zusammengestellt werden. Grundlage hierfür sind die Preise, die sich im Rahmen der Vergabe ergeben oder als ortsüblich in Ansatz zu bringen sind. Maßgeblich für den Aufbau des Kostenanschlags ist die DIN 276 (1981), Teil 3, Anhang 3.

→ **Kostenfeststellung** (Grundleistung im Rahmen der Objektüberwachung, Leistungsphase 8 → Seite 54): Sie dient zum Nachweis der tatsächlich entstandenen Kosten und ist Voraussetzung für Vergleiche und Dokumentationen. Aufgestellt wird sie nach den geprüften Schlussrechnungen und Kostenbelegen, wobei Eigenleistungen zu berücksichtigen sind. Bei der Kostenfeststellung ist nach DIN 276 (1981), Teil 3, Anhang 4 vorzugehen.

Der Architekt muss diese Arten der Kostenermittlung seiner Honorarberechnung zugrunde legen. Das gilt auch bei einer vorzeitigen Beendigung des Architektenvertrags. Auf der Seite 50 finden Sie ein Beispiel für eine Schlussrechnung über Architektenleistungen, in der die anrechenbaren Kosten nach Kostenberechnung, Kostenanschlag und Kostenfeststellung berücksichtigt werden.

Muster: Schlussrechnung über Architektenleistungen

I. Grundlagen

Architektenvertrag vom ... zum Bauvorhaben ...; Leistungsbild: Objektplanung § 15 HOAI, Honorarzone: III, Gebührensatz: Mindestsatz nach der Honorartafel zu § 16 HOAI

II. Übertragene Leistungen

1.)	Leistungsphasen 1–4 des § 15 Abs. 1 HOAI:	27 %
2.)	Leistungsphasen 5–7 des § 15 Abs. 1 HOAI:	39 %
3.)	Leistungsphasen 8–9 des § 15 Abs. 1 HOAI:	34 %

III. Anrechenbare Kosten gemäß § 10 HOAI

für die Leistungsphasen 1–4 gemäß **Kostenberechnung:**	150.000,00 €
für die Leistungsphasen 5–7 gemäß **Kostenanschlag:**	160.000,00 €
für die Leistungsphasen 8–9 gemäß **Kostenfeststellung:**	170.000,00 €

IV. Erbrachte Leistungen

1.)	Leistungsphasen 1–4			
	1. Grundlagenermittlung:	3 %		
	2. Vorplanung:	7 %		
	3. Entwurfsplanung:	11 %		
	4. Genehmigungsplanung:	6 %	Σ 27 %	
	anrechenbare Kosten gemäß **Kostenberechnung:**			150.000,00 €
	Gebührensatz nach § 16 HOAI 100 %:			16.578,00 €
	hiervon 27 %:			**4.476,06 €**
2.)	Leistungsphasen 5–7			
	5. Ausführungsplanung:	25 %		
	6. Vorbereitung der Vergabe:	10 %		
	7. Mitwirkung bei der Vergabe:	4 %	Σ 39 %	
	anrechenbare Kosten gemäß **Kostenanschlag:**			160.000,00 €
	Gemäß § 5a interpolierte (→ Seite 53) Tabellenwerte der Honorartafel § 16 Abs. 1 HOAI:			
	Gebührensatz nach § 16 HOAI 100 %:			17.579,60 €
	hiervon 39 %:			**6.856,04 €**
3.)	Leistungsphasen 8–9			
	8. Objektüberwachung:	31 %		
	9. Objektbetreuung und Dokumentation:	3 %	Σ 34 %	
	anrechenbare Kosten gemäß **Kostenfeststellung:**			170.000,00 €
	Gemäß § 5a interpolierte (→ Seite 53) Tabellenwerte der Honorartafel § 16 Abs. 1 HOAI:			
	Gebührensatz nach § 16 HOAI 100 %:			18.581,20 €
	hiervon 34 %:			**6.317,61 €**

V. Zusammenstellung

Grundleistungen:	
Leistungsphasen 1–4	4.476,06 €
Leistungsphasen 5–7	6.856,04 €
Leistungsphasen 8–9	6.317,61 €
Zwischensumme:	17.649,71 €
Nebenkosten (laut Vertrag pauschal mit 6 %):	1.058,98 €
Zwischensumme:	18.708,69 €
Mehrwertsteuer (16 %):	2.993,39 €
Summe:	**21.702,08 €**

Architektenleistungen müssen immer in drei Teilen abgerechnet werden, so ist es in § 10 Absatz 2 HOAI geregelt. Abzurechnen sind:

- die Leistungsphasen 1–4 (→ Seite 54) nach der Kostenberechnung;
- die Leistungsphasen 5–7 (→ Seite 54) nach dem Kostenanschlag;
- die Leistungsphasen 8–9 (→ Seite 54) nach der Kostenfeststellung.

Abrechnung des Architektenhonorars in drei Schritten

Der Bauherr als Auftraggeber muss jedenfalls gemäß § 10 Absatz 3–5 HOAI überprüfen können, ob tatsächlich nur anrechenbare Kosten berücksichtigt worden sind. Die Kostenermittlung ist der Rechnung beizulegen.

Prüffähigkeit der Architektenrechnung

Wenn ein Architekt diese Grundsätze für die Kostenermittlung nicht einhält, gilt die von ihm erstellte Rechnung als nicht prüffähig. Damit wird, so bestimmt es § 8 Absatz 1 HOAI, das Honorar nicht fällig – der Bauherr ist also nicht zur Zahlung eines nicht prüffähig ermittelten Rechnungsbetrags verpflichtet.

■ Die Bestimmung der Honorarzone

Es gibt fünf verschiedene Honorarzonen, von Zone I: sehr geringer Schwierigkeitsgrad bis Zone V: sehr hoher Schwierigkeitsgrad. Normale Einfamilienhäuser fallen meist in die Honorarzone III – durchschnittlicher Schwierigkeitsgrad. Für die Einordnung eines Gebäudes in eine Honorarzone enthält § 12 HOAI Beispiele. Wenn dies nicht zweifelsfrei möglich ist, besteht die Möglichkeit, die Honorarzone mithilfe von Bewertungsmerkmalen in § 11 Absatz 1 HOAI zu ermitteln.

Planung eines Einfamilienhauses entspricht in der Regel durchschnittlichem Schwierigkeitsgrad

Vereinbarungen zwischen Bauherr und Architekt sind unwirksam und rechtlich nicht bindend, wenn sie zu einer unzulässigen Unterschreitung der Mindestsätze oder Überschreitung der Höchstsätze (⇢ unten) führen. So darf für eine Planung mit objektiv mittlerem Schwierigkeitsgrad (Honorarzone III) nicht die Honorarzone II (geringe Planungsanforderungen) angesetzt werden, um zu einem geringeren Architektenhonorar zu kommen, aber auch nicht Zone IV, um ein höheres Honorar zu bekommen.

■ Die Honorartafeln

Die Honorartafel in § 16 HOAI legt für jede Honorarzone in Abhängigkeit von den anrechenbaren Kosten jeweils einen Mindest- und Höchstsatz (⇢ Kasten) des vollen Honorars fest.

Mindest- und Höchstsätze
Mit festgelegten Mindest- und Höchstsätzen bei den Architektenhonoraren will der Gesetzgeber Bauherren einerseits vor überhöhten Preisen schützen und andererseits verhindern, dass eine ruinöse Konkurrenz unter den Architekten entsteht. Diese würde sich in Form von Qualitätseinbußen ebenfalls nachteilig für den Bauherrn auswirken.

Mit steigenden Baukosten abnehmender Anteil des Architektenhonorars am Gesamtbudget

Die Honorartafeln gehen von den anrechenbaren Kosten aus. Für das Architektenhonorar werden dabei feste Euro-Beträge ausgewiesen. Mit steigenden anrechenbaren Kosten macht das Architektenhonorar einen geringeren Anteil an den Kosten aus, weil der Planungsaufwand nicht proportional mit dem Gesamtbudget ansteigt. Zwischenstufen bei den anrechenbaren Kosten sind linear zu interpolieren, so will es § 5a HOAI. Das folgende Beispiel zeigt eine entsprechende Berechnung.

Beispiel: Architektenhonorar für ein Einfamilienhaus

Es wird ein Einfamilienhaus geplant mit durchschnittlichem Schwierigkeitsgrad – Honorarzone III. Vereinbart ist der Mindestsatz. Die anrechenbaren Kosten belaufen sich auf 170.000 €. Aus der Tabelle zu § 16 HOAI ergibt sich, dass der Wert der anrechenbaren Kosten bei Honorarzone III in Höhe von 170.000 € zwischen den dort aufgeführten Werten 150.000 € und 200.000 € liegt. Deshalb muss die Differenz zwischen diesen beiden Kostenwerten errechnet werden. Der Mindestsatz für anrechenbare Kosten in Höhe von 150.000 € beträgt 16.578 €. Bei anrechenbaren Kosten von 200.000 € liegt er bei 21.586 €.

anrechenbare Kosten	Mindestsatz
200.000 €	21.586 €
150.000 €	16.578 €
Differenz	5.008 €

Anschließend muss interpoliert werden.

1 € ≙ 5.008 € / 50.000

20.000 € ≙ 5.008 € / 50.000 x 20.000 = 2.003,20 €

Dies ergibt das folgende Honorar:

anrechenbare Kosten	170.000 €
Mindestsatz	16.578 € + 2.003,20 € = 18.581,20 €

Angegeben sind jeweils Nettopreise. Das Honorar gilt für eine Beauftragung mit den Leistungsphasen 1–9 (→ Seite 54).

Die Leistungsphasen

Gesamthonorar nach Leistungsphasen aufgeschlüsselt

Aus den anrechenbaren Kosten, der Honorarzone und den Mindest- und Höchstsätzen der Honorartafel wird das volle Architektenhonorar bestimmt. Die Höhe des vertraglich geschuldeten Honorars ergibt sich, wenn dieser Gesamtbetrag zu den tatsächlich erbrachten Leistungen in Beziehung gesetzt wird. § 15 HOAI gliedert die Leistungen eines Architekten in die Leistungsphasen 1 bis 9, denen jeweils ein bestimmter Prozentsatz des Gesamthonorars beigemessen wird, und zwar nach folgendem Schlüssel:

Leistungsphase 1 – Grundlagenermittlung:	3 %
Leistungsphase 2 – Vorplanung:	7 %
Leistungsphase 3 – Entwurfsplanung:	11 %
Leistungsphase 4 – Genehmigungsplanung:	6 %
Leistungsphase 5 – Ausführungsplanung:	25 %
Leistungsphase 6 – Vorbereitung der Vergabe:	10 %
Leistungsphase 7 – Mitwirkung bei der Vergabe:	4 %
Leistungsphase 8 – Objektüberwachung:	31 %
Leistungsphase 9 – Objektbetreuung und Dokumentation:	3 %
Summe:	**100 %**

Führt der Architekt alle Grundleistungen im Leistungsbild nach § 15 HOAI aus, stehen ihm 100 % des Honorars zu. Sind nur Teilleistungen aus dem Leistungsbild in Auftrag gegeben, ist ihre prozentuale Wertigkeit anhand der Auflistung in § 15 Absatz 2 HOAI und der in Absatz 1 angeführten einzelnen Prozentzahlen zu bestimmen.

Beispiel: Genehmigungsplanung für Einfamilienhaus

Im Beispiel auf Seite 53 belaufen sich die anrechenbaren Kosten für ein Einfamilienhaus auf 170.000 €. Ein Architekt, der nur mit der Genehmigungsplanung

(Leistungsphasen 1–4) beauftragt ist, erhält von den errechneten 18.581,20 € Gesamthonorar (Mindestsatz) nur 27 Prozent, also 5.016,92 € netto.

Es ist rechtlich umstritten, welche Folge es hat, wenn ein Architekt nicht alle ihm übertragenen Leistungen erbracht hat. Die Gerichte beurteilen die Frage unterschiedlich, ob und unter welcher Voraussetzung dann eine Honorarkürzung vorgenommen werden kann.

2

Beauftragung des Architekten sollte eindeutig sein

Entscheidend kommt es darauf an, mit welchen Leistungsphasen der Architekt beauftragt ist. Deshalb sollte der Bauherr einen eindeutigen schriftlichen Auftrag erteilen. Falls keine genauen schriftlichen Vereinbarungen bestehen, kann nicht allgemein vermutet werden, dass ein Architekt den Auftrag über sämtliche Leistungsphasen des § 15 Absatz 2 HOAI hat. Vielmehr muss der Architekt im Zweifelsfall darlegen und beweisen, ob und in welchem Umfang er im konkreten Fall beauftragt worden ist.

Es gilt der allgemeine Grundsatz, dass ein Architekt nicht voreilig Leistungen erbringen darf – vor allem wenn sie einen weiteren Honoraranspruch auslösen. So steht dem Architekten ein Honoraranspruch für die Ausführungsplanung (Leistungsphase 5) oder die Vorbereitung der Vergabe (Leistungsphase 6) grundsätzlich nicht zu, wenn er diese Leistungen erbracht hat, bevor die Baugenehmigung erteilt worden ist, und sich später herausstellt, dass sich diese Leistungen nicht verwerten lassen.

Grundleistungen und Besondere Leistungen

Besondere Anforderungen an die Ausführung eines Bauvorhabens

Die bisher genannten Grundsätze bei der Berechnung des Architektenhonorars gelten, wenn es um die Vergütung von so genannten Grundleistungen geht, Leistungen also, die zur ordnungsgemäßen Abwicklung eines Auftrags im Allgemeinen erforderlich sind. Sachlich zusammengehörende Grundleistungen sind zu in sich abgeschlossenen Leistungsphasen (⇢ Seite 54) zusammengefasst.

Daneben kennt die HOAI aber auch die Besonderen Leistungen. Diese können zu den Grundleistungen hinzu- oder an deren Stelle treten, wenn besondere Anforderungen an die Ausführung eines Auftrags gestellt werden, die über die allgemeinen Leistungen hinausgehen oder diese ändern. Besondere Leistungen sind also nicht bei jedem Bauvorhaben erforderlich.

Vereinbarung über Besondere Leistungen

Besondere Leistungen bei der Errichtung eines Gebäudes sind zum Beispiel Bestandsaufnahme und Bauvoranfrage. Wenn die Besondere Leistung neben die Grundleistungen tritt, muss das Honorar schriftlich vereinbart werden, allerdings nicht schon, wenn der Auftrag an den Architekten erteilt wird. Die Honorarvereinbarung muss die konkret zu erbringende Besondere Leistung bezeichnen. Es reicht nicht aus, wenn im Architektenvertrag Zeithonorare für alle möglichen Fälle von Besonderen Leistungen nach Zeitaufwand vereinbart werden. Werden Besondere Leistungen isoliert von der Grundleistung in Auftrag gegeben, zum Beispiel bei der bloßen Bestandsaufnahme, erhält der Architekt auch ohne schriftliche Vereinbarung ein zusätzliches Honorar.

■ Nebenkosten und Zuschläge

Ein Architekt kann Nebenkosten nach Nachweis abrechnen, so § 7 HOAI, wenn nicht bei Erteilung des Auftrags schriftlich etwas anderes vereinbart wurde, zum Beispiel eine Pauschale.

Nebenkosten beim Umbau

Bei Umbauten gilt nach § 24 HOAI ab durchschnittlichem Schwierigkeitsgrad (Honorarzone III ····> Seite 51) ein Zuschlag von 20 Prozent als vereinbart, wenn es keine davon abweichende schriftliche Vereinbarung gibt.

Ein Zeithonorar gemäß § 6 HOAI darf der Architekt nur in Sonderfällen berechnen, nämlich wenn die HOAI ausdrücklich ein Zeithonorar zulässt, sogar vorsieht oder wenn sie eine freie Honorarvereinbarung gestattet.

■ Umsatzsteuer

Honorarsätze der HOAI sind Nettowerte, Umsatzsteuer ist hinzuzurechnen

Die Umsatzsteuer ist nach § 9 HOAI den Honoraren der HOAI zuzuschlagen und in der Abrechnung gesondert auszuweisen. Bei der Berechnung der anrechenbaren Kosten ist von den Nettowerten auszugehen. Die auf die Kosten von Objekten entfallende Umsatzsteuer wird also nicht Bestandteil der anrechenbaren Kosten.

Zu teuer gebaut? – Bausummengarantie und Kostenrahmen

Zu Auseinandersetzungen zwischen Architekten und Bauherren kommt es immer wieder, wenn ein Bauvorhaben teurer geworden ist als erwartet. Hier machen es sich Bauherren häufig recht einfach, was das Verschulden des Architekten anbelangt: Entweder hat dieser ihrer Meinung nach zu teuer geplant oder Kosten steigernde Maßnahmen nicht verhindert.

Angesichts mitunter enormer Preiserhöhungen auf der einen Seite und des Umstands, die jeweilige Ursache nicht recht nachvollziehen zu können, auf der anderen Seite, hat sich in der Rechtsprechung noch keine klare Linie herausgebildet. In einer Art Anscheinsbeweis wurde von verschiedenen Gerichten aus der Höhe der Bausummenüberschreitung auf das Verschulden des Architekten geschlossen, allerdings mit einer mehr oder weniger großen Toleranzmarge. Bei Umbauten und Altbausanierungen wurden diese Toleranzen noch erweitert, da bei diesen Baumaßnahmen die Kostenprognose besonders schwierig ist.

BGH-Rechtsprechung: Umstände des Einzelfalls entscheidend

Der Bundesgerichtshof hat sich gegen solche Regeltoleranzen ausgesprochen und stellt jeweils auf die Umstände des Einzelfalls ab. Bei Kostenermittlungen durch den Architekten werden Toleranzen jedenfalls nicht für grobe Fehler zugestanden, etwa für eine übersehene Umsatzsteuer oder gänzlich unrealistische Kubikmeterpreise. Denn in solchen Fehlern zeigt sich nicht das unvermeidbare Prognoserisiko, sondern ein Mangel in der Berechnung und damit eine mangelhafte Leistung des Architekten.

Hohe Anforderungen an wirksame Bausummengarantie

Bausummengarantie: Wenn ein Architekt sich ausdrücklich dazu verpflichtet, dass ein bestimmtes Kostenlimit eingehalten wird, würde er eine »Bausummengarantie« abgeben. Damit wäre der Architekt verpflichtet, den Bauherrn von Kosten freizustellen, die das Limit überschreiten. An eine solche Garantie sind jedoch strenge Anforderungen zu stellen. Voraussetzung dafür, dass der Architekt aus einer Baukostengarantie haftet, ist, dass er ausdrücklich erklärt, er werde bei Überschreiten der Höchstgrenze die Mehrkosten selbst tragen. Ein solches Versprechen kommt in der Praxis nicht vor; angesichts des damit verbundenen hohen Risikos können Architekten kaum eine solche Garantie abgeben. Außerdem wäre ein solcher Vertrag nicht mehr durch die Berufshaftpflichtversicherung des Architekten abgedeckt.

Kostenrahmen: Ein Architekt kann sich auch dazu verpflichten, einen bestimmten Kostenrahmen einzuhalten. Um dieses Ziel zu erreichen, kann der Bauherr verlangen, dass der Architekt seine Planung an die Kosten anpasst oder auf andere Weise für eine Reduzierung der Kosten sorgt. Der Bauherr ist gehalten, zumutbare Einsparhinweise zu berücksichtigen. Wird der Kostenrahmen überschritten, bedeutet das einen Mangel des geschuldeten Architektenwerks.

Ein Anspruch des Bauherrn auf Schadenersatz seitens des Architekten, weil ein bestimmter Kostenrahmen überschritten wurde, setzt voraus, dass die Vertragspartner den Kostenrahmen vertraglich vereinbart haben. Es genügt also nicht, dass der Bauherr bei Abschluss des Architektenvertrags Beträge hinsichtlich der Kosten des Bauvorhabens nennt. Auch vom Architekten überreichte Kostenermittlungen (⇢ Seite 48) stellen kein Angebot auf Abschluss einer solchen Kostenvereinbarung dar. Einer solchen Kostenermittlung kann nämlich nicht entnommen werden, dass der Architekt für die ermittelten Kosten auch dann einzustehen hat, wenn später höhere Rechnungen anfallen. Die Kostenermittlung hat nur den Sinn und Zweck, dem Bauherrn die Entscheidung zu ermöglichen, ob und mit welchen Mitteln er die Planung weiterverfolgen will. Auch die Angaben der Baukosten im Bauantrag stellen keine Kostenvereinbarung dar, weil der Bauantrag anderen Zwecken dient, als den vom Architekten einzuhaltenden Kostenrahmen zu bestimmen. Die im Bauantrag genannten Beträge können auch von dem Willen des Bauherrn beeinflusst sein, Gebühren zu sparen. Der Bauherr muss vielmehr zum Ausdruck bringen, dass sein Bauvorhaben nicht mehr als einen bestimmten Betrag kosten dürfe, und der Architekt muss das für sich verbindlich akzeptieren.

Verbindlicher Kostenrahmen setzt vertragliche Vereinbarung voraus

Kontroll- und Beratungspflichten des Architekten

Kostenkontrolle: Stets sind die laufende Kostenkontrolle und die entsprechende Beratung des Bauherrn Pflichten des Architekten. Er muss seinen Bauherrn unverzüglich benachrichtigen, wenn erkennbar wird, dass die zu erwartenden Baukosten überschritten werden, und ist verpflichtet, diesen zu den Einsparmöglichkeiten und zu den zu ergreifenden Maßnahmen ausreichend zu beraten.

Der Bauherr kann nur dann Schadenersatz wegen Kostenüberschreitung oder einer fehlerhaften Kostenermittlung geltend machen, wenn er die Ursächlichkeit der Vertragsverletzung für den Schaden nachweist. Der Bauherr kann nicht ohne weiteres behaupten, dass er von seinem Vorhaben Abstand genommen hätte, wenn er über die Kostenentwicklung früher informiert worden wäre. Vielmehr kommt es ganz auf die Umstände des Einzelfalls an, auch zum Beispiel, wenn der Bauherr einwendet, er wäre bei richtiger Information über die Kostenentwicklung auf Eigenleistungen ausgewichen.

Überschreitung der geplanten Kosten nicht per se als Schaden einzustufen

Äußerst schwierig ist die Schadensbemessung, denn die Tatsache, dass geplante Kosten überschritten wurden, stellt nicht per se einen Schaden dar. Liegt eine entsprechende Wertsteigerung des Grundstücks vor, so ist darin kein Schaden zu sehen. Bei einem Einfamilienhaus ist auch dann vom Sachwert auszugehen, wenn es aus besonderen Marktgründen nur zu einem geringeren Preis verkauft werden kann. Zusätzliche Finanzierungskosten können ebenfalls nicht verlangt werden, wenn ein größeres Haus mit großzügigerer Raumaufteilung entsteht. Ein Überschreiten der Bausumme führt nur dann zu einem Anspruch auf Schadenersatz gegenüber dem Architekten, wenn der Verkehrswert niedriger ist als der getätigte Aufwand.

Tipp: Wenn Ihnen als Bauherr nur eine bestimmte Investitionssumme zur Verfügung steht, sollten Sie einen Kostenrahmen vereinbaren. Bedenken Sie aber, dass Sie dann auch Kosten sparende Entscheidungen mittragen müssen. Im Übrigen sollten Sie auf ständiger Kostenkontrolle bestehen, um rechtzeitig Korrekturen veranlassen zu können. Wie, das zeigen die Formulierungsvorschläge im 5. Kapitel (→ Seite 151).

BGH-Urteil zu einer vereinbarten Bausumme

Der BGH hat mit seinem Urteil vom 23. Januar 2003 (Az. VII ZR 362/01) gezeigt, welche Konsequenzen ein Kostenrahmen hat: Vereinbaren die Vertragsparteien eines Architektenvertrags eine Bausumme als Beschaffenheit des geschuldeten Werkes, dann bildet diese Summe die Obergrenze der anrechenbaren Kosten für die Honorarberechnung. Ist das Werk mangelhaft, weil die vereinbarten Kosten überschritten werden, kann der Architekt die Differenz, um welche die tatsächlichen die vereinbarten Kosten übersteigen, nicht zusätzlich als anrechenbare Kosten seiner Honorarberechnung zugrunde legen. Würde diese Differenz bei den anrechenbaren Kosten berücksichtigt, dann erhielte der Architekt eine höhere Vergütung, als ihm für eine vertragsgerechte Leistung zustehen würde. An dieser Beurteilung ändere sich, so der BGH, auch dann nichts, wenn sich der von den Parteien vorgegebene Standard der Planung mit den vereinbarten Baukosten nicht realisieren lasse.

Beauftragung und Architektenvertrag

Umfassende oder stufenweise Beauftragung

Beauftragung des Architekten mit allen neuen Leistungsphasen

Für den Architekten als Auftragnehmer ist es in aller Regel wünschenswert, mit dem Bauherrn einen Vertrag zu schließen, in dem er möglichst umfassend mit Leistungen beauftragt wird. Der Architekt wird es begrüßen, von einem Bauherrn, der ein komplettes Objekt realisieren möchte, auch gleich mit allen erforderlichen Leistungen, also mit sämtlichen neun Leistungsphasen (→ Seite 54) des § 15 HOAI, betraut zu werden.

Ein Auftrag mit allen Leistungsphasen kann allerdings für den Bauherrn als Auftraggeber zu erheblichen wirtschaftlichen Nachteilen führen, wenn er sich vor Abschluss der beauftragten Leistungen entschließt, den Architektenvertrag zu kündigen. Dafür kann es ganz unterschiedliche Gründe geben: Das Bauvorhaben soll wegen Problemen bei der Finanzierung oder aufgrund persönlicher Entwicklungen doch nicht verwirklicht werden, zum Beispiel weil eine geplante berufliche Versetzung nicht realisiert wird oder wegen einer privaten Trennung oder einer unvorhergesehenen Erkrankung. Möglicherweise möchte sich der Bauherr aber auch nicht endgültig auf einen bestimmten Architekten festlegen, ohne dessen Arbeitsweise vorher kennen gelernt zu haben.

Möglichkeit der stufenweisen Beauftragung

Bei einer nicht vom Architekten verschuldeten Vertragskündigung behält dieser nach § 649 BGB seinen Vergütungsanspruch, allerdings – so drückt es das Gesetz aus – gemindert um ersparte Aufwendungen und dasjenige, was der Architekt durch die anderweitige Verwendung seiner Arbeitskraft erwirbt oder zu erwerben vorsätzlich unterlässt. Der Bauherr muss also im Zweifelsfall eine nicht mehr benötigte Architektenleistung zum großen

Teil bezahlen, obwohl sie gar nicht mehr erbracht werden muss. Dieses wirtschaftliche Risiko für den Bauherrn kann beschränkt werden, indem der Architekt lediglich stufenweise beauftragt wird. Welche Möglichkeiten hier bestehen, wird im Kapitel »Der Vertrag mit dem Architekten« (⋯> Seite 146) erläutert.

Die Honorarvereinbarung im Architektenvertrag

Die vergütungsrechtliche Seite erfordert in der Regel den Abschluss eines schriftlichen Architektenvertrags, denn nach § 4 Absatz 1 HOAI richtet sich das Honorar wesentlich nach der schriftlichen Vereinbarung, die die Vertragsparteien bei Auftragserteilung im Rahmen der festgesetzten Mindest- und Höchstsätze treffen.

Formale Anforderungen an eine gültige Honorarvereinbarung

Für die Schriftform der Vergütungsregelungen gilt § 126 BGB. Es ist also – was sehr häufig übersehen wird – die gesetzliche Schriftform einzuhalten. Das heißt: Die Unterschriften beider Parteien müssen den Urkundentext räumlich abschließen und eigenhändig erfolgen. Wechselseitige schriftliche Bestätigungen genügen nicht, weil hier keine der beiden Urkunden die vollständige, von beiden Parteien per Unterschrift vollzogene Vereinbarung enthält. Der Schriftform muss allerdings nur die Honorarvereinbarung, nicht aber auch der übrige Inhalt des Architektenvertrags genügen. Letzterer kann also mündlich abgesprochen sein, sich aus einem Schriftwechsel ergeben oder sonst in einem nicht unterschriebenen Schriftstück enthalten sein. Es muss allerdings sichergestellt werden, dass die Honorarvereinbarung einem bestimmten Leistungsinhalt eindeutig zugeordnet werden kann.

Wird die Schriftform bei der Vergütungsregelung nicht eingehalten, ist nicht der gesamte Architektenvertrag unwirksam, sondern nur die Honorarvereinbarung. Abzurechnen ist in einem solchen Fall nach den Mindestsätzen.

Unterschreitung der Mindestsätze nur in Ausnahmefällen zulässig

Die in der HOAI aufgeführten Mindestsätze dürfen nur in seltenen Ausnahmefällen unterschritten werden, so bestimmt es § 4 Absatz 2 HOAI (⋯› Seite 52).

Nach § 4 Absatz 4 HOAI gelten die jeweiligen Mindestsätze als vereinbart, wenn nicht bei Erteilung des Auftrags etwas anderes bestimmt worden ist. Eine Abweichung von den Mindestsätzen kann nicht nur darin liegen, dass ein höheres Honorar vereinbart wird. Es reicht bereits aus, dass das Honorar abweichend ermittelt werden soll. Das gilt etwa für ein Pauschalhonorar oder ein Erfolgshonorar als Belohnung dafür, dass vorgegebene Limits bei den Baukosten eingehalten werden (⋯› Seite 59).

Architektenvertrag und schriftliche Honorarvereinbarung müssen gleichzeitig abgeschlossen werden

Eine von den Mindestsätzen abweichende Honorarvereinbarung muss bei Auftragserteilung, also bei Abschluss des Architektenvertrags getroffen werden. Der Rechtsprechung nach ist die Honorarvereinbarung gleichzeitig mit dem Abschluss des Architektenvertrags schriftlich zu treffen, ein enger zeitlicher Zusammenhang mit dem Erteilen des Auftrags reicht nicht aus. Hat der Architekt also schon mit seinen Leistungen begonnen, bevor die Honorarvereinbarung unterzeichnet wird, so ist diese regelmäßig unwirksam. In diesem Fall kann der Architekt nicht mehr pauschal oder oberhalb der Mindestsätze abrechnen.

Haben die Parteien den Architektenvertrag zunächst mündlich geschlossen, ohne das Architektenhonorar festzulegen, stehen dem Architekten ebenfalls gemäß § 4 Absatz 4 HOAI nur die Mindestsätze zu. Weil versäumt wurde, ein abweichendes Honorar bei Auftragserteilung schriftlich festzulegen, kann hier keine Korrektur mehr erfolgen.

Verhandlungsspielraum bei der Abrechnung der Nebenkosten

Gibt es weitere Verhandlungsspielräume beim Architektenhonorar? Der Bauherr kann über Nebenkosten verhandeln. Hier gilt nach § 7 Absatz 1 HOAI, dass die bei der Ausführung des Architektenauftrags entstehenden Auslagen, zum Beispiel für Kopien, Fahrt- und Telefonkosten, als Nebenkosten in den Honoraren nicht enthalten sind. Sie können vielmehr zusätzlich zum Honorar berechnet werden. In der Praxis liegen diese Nebenkosten in der Regel zwischen fünf und acht Prozent des Nettohonorars. Die Parteien können aber auch schriftlich bei Auftragserteilung vereinbaren, dass eine Erstattung ganz oder teilweise ausgeschlossen ist.

Vergleich über strittige Honorarforderungen

Die Regelung des § 4 Absatz 4 HOAI, wonach Mindestsätze als vereinbart gelten, sofern nicht bei Auftragserteilung etwas anderes bestimmt wird, gilt nur bis zur Beendigung des Architektenvertrags. Schließen Bauherr und Architekt also einen Vergleich über die Honorarforderung des Architekten, bevor dessen Tätigkeit beendet ist, so würde diese Einigung ebenfalls unter diese Regelung fallen. Die Vertragsparteien sollen ihre Vereinbarungen gerade deshalb beim Abschluss des Architektenvertrags treffen, damit spätere Unklarheiten und Streitigkeiten vermieden werden.

Nur wenn der Architekt seine Tätigkeit bereits beendet hat, ist ausgeschlossen, dass der Streit über die Höhe des geschuldeten Honorars die Ausführung des Auftrags gefährdet. Auf einen Vergleich nach Beendigung der Architektentätigkeit kann dagegen § 4 Absatz 4 HOAI nicht angewendet werden. Kommt es zum Streit zwischen Bauherr und Architekt, kann in diesem Fall ein Vergleich geschlossen werden, in dem die Parteien nicht an die Mindest- und Höchstsätze der HOAI und an die Schriftform gebunden sind.

Voraussetzungen für wirksamen Pauschalvertrag

Viele Bauherren schließen mit ihrem Architekten von Anfang an einen Pauschalvertrag, weil sie sich davon eine bessere Kostenkontrolle versprechen. Auch in diesem Fall müssen drei Voraussetzungen erfüllt sein, damit eine solche Vergütungsvereinbarung rechtlich wirksam ist. Die Vereinbarung muss der gesetzlichen Schriftform genügen, bereits bei Auftragserteilung, also vor der Leistungserbringung, getroffen werden und darf die Mindestsätze der HOAI nicht unterschreiten.

Tipp: Im Zweifel Honorarrechnung prüfen lassen!
Für den privaten Bauherrn, der in der Regel wenig Erfahrung mit Bauvorhaben hat, ist die HOAI prinzipiell eine sinnvolle Einrichtung. Allerdings ist sie leider ein umfangreiches und kompliziertes Regelwerk. Wenn Sie nachhaltige Zweifel haben, ob die Honorarrechnung Ihres Architekten stimmt, sollten Sie sie entweder von einem auf Architektenrecht spezialisierten Rechtsanwalt oder von einem öffentlich bestellten und vereidigten Sachverständigen für Honorarfragen prüfen lassen. Anschriften der Sachverständigen können Sie der Homepage der Architektenkammern (Adressen → Seite 180) entnehmen. Entsprechend spezialisierte Anwaltsbüros können Sie zum Beispiel über die ARGE Baurecht des Deutschen Anwaltsvereins ermitteln (Adresse → Seite 182).

2

Die Planungsphase

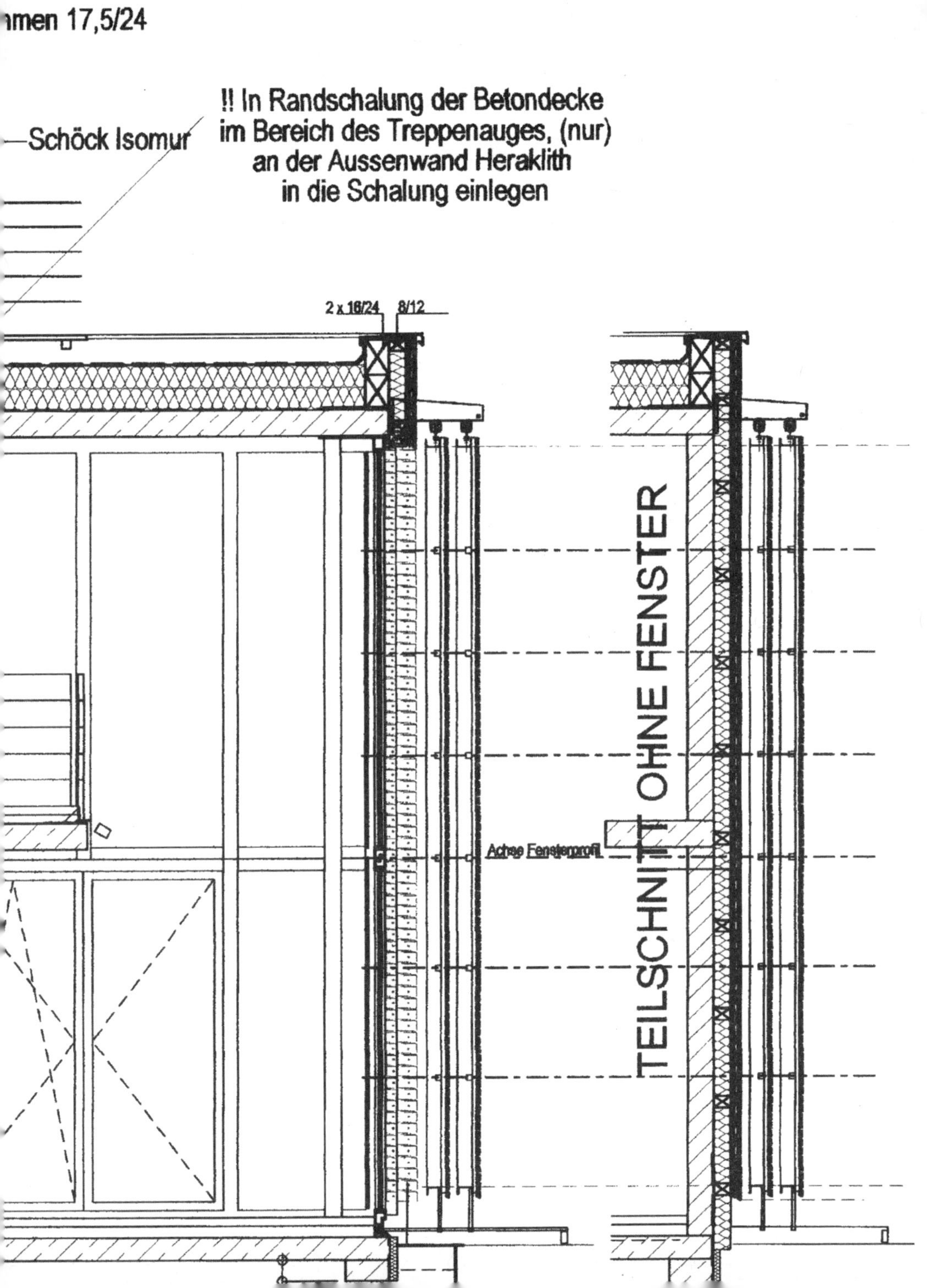

mmen 17,5/24
Schöck Isomur
!! In Randschalung der Betondecke
im Bereich des Treppenauges, (nur)
an der Aussenwand Heraklith
in die Schalung einlegen
2 x 16/24
8/12
Achse Fensterprofil
TEILSCHNITT OHNE FENSTER

Der Weg zum »Traumhaus«

Wer baut, hat in der Regel die Absicht, sein Haus über einen langen Zeitraum zu nutzen: zwanzig, dreißig Jahre, vielleicht das ganze Leben. Bei den Überlegungen, wie Ihr »Traumhaus« beschaffen sein und welche Funktionen es erfüllen soll, sollten Sie also nicht nur Ihre heutigen Bedürfnisse berücksichtigen, sondern auch daran denken, wie das Haus in Zukunft gestaltet sein muss, um künftigen Anforderungen zu genügen. Auf diese Weise vermeiden Sie aufwändige Umbauten oder Nutzungseinschränkungen, über die Sie sich im Alltag ständig ärgern.

Fragen zu zukünftigen Wohnbedürfnissen

Fragen, über die Sie sich Gedanken machen sollten, bevor Sie zum Architekten gehen, sind zum Beispiel:

- Wollen wir Kinder? Wenn ja, wie viele?
- Soll das Eigenheim – etwa wenn die Kinder einmal aus dem Haus sind – später einmal so geteilt werden können, dass zwei Parteien in dem Haus wohnen können?
- Gibt es Familienangehörige, die Sie zu einem späteren Zeitpunkt in Ihr Haus aufnehmen wollen?
- Wollen Sie selbst das Haus im Alter bewohnen, oder wollen Sie es anderen zur Nutzung überlassen, etwa weil Sie selbst bei Familienangehörigen wohnen werden oder in ein Altersheim oder eine andere Wohnform für Senioren wechseln?

Das alles sind sehr grundsätzliche Fragen, die die gesamte Lebensplanung betreffen. Mit welcher Sicherheit Sie sie beantworten können, hängt auch davon ab, wie konkret Ihre Vorstellungen schon sind und in welchem Lebensalter Sie sich befinden. Nehmen Sie sich Zeit, und sprechen Sie darüber in Ruhe mit Ihrem Partner oder Ihrer Partnerin und gegebenenfalls mit Ihren Kindern oder Ihrer Familie.

Das Raumprogramm

Um Ihr Eigenheim so nutzen zu können, wie Sie es wünschen, ist eine optimale Raumaufteilung entscheidend. Ein Haus mit zu großen und zu vielen Räumen ist unnötig teuer und lässt schnell den »Wohlfühlfaktor« vermissen; in einem Haus mit zu kleinen und zu wenig Räumen fühlen sich die Bewohner beengt und können sich zu wenig »ausleben«. Es kommt also darauf an, den Grundriss so zu dimensionieren, dass er Ihren Bedürfnissen möglichst gut entspricht, auch was den notwendigen Erhaltungs- und Pflegeaufwand betrifft.

Hilfreich: Skizze mit der gewünschten Raumaufteilung

Ausgangspunkt dafür ist Ihre jetzige Wohnung. Hier wissen Sie am besten, welche Räume Ihnen fehlen, welche zu klein und welche unpraktisch geschnitten sind. Aber auch ein Haus von Freunden oder Nachbarn, das Ihnen besonders gut gefällt, können Sie zur Grundlage des eigenen Wohnbedarfs machen. Sinnvoll ist es, die gewünschte Raumaufteilung in einer groben Skizze festzuhalten. Sie können aber auch ohne eine solche Skizze zum Architekten gehen; er wird Ihnen in jedem Fall nach dem ersten oder zweiten Gespräch eine Zeichnung an die Hand geben.

Zentrale Punkte und Fragen zum Raumprogramm

Für das Raumprogramm sollten Sie folgende Punkte klären:

- abgeschlossene oder offene Küche?
- Zahl der Wohn- und Schlafräume
- Zahl der Kinderzimmer
- sonstige Räume, zum Beispiel Arbeitszimmer, Hobbykeller, Bügelraum
- Zahl der Bäder und WCs
- Zahl der Abstellräume
- Einliegerwohnung?
- Keller?

- offener Kamin?
- Ausbau des Dachgeschosses?
- Balkon und/oder Terrasse?

Zahl, Größe und Anordnung der Räume können aber nicht nur von den eigenen Wünschen abhängig gemacht werden. Selbstverständlich spielen die Kosten hier eine entscheidende Rolle. Auch die Beschaffenheit des Grundstücks kann Einfluss auf das Raumprogramm haben, etwa wenn eine Hanglage besteht oder wenn bestimmte Abstandsflächen zum Nachbarn eingehalten werden müssen.

Der Architekt als Moderator

Der Architekt übernimmt hier die Rolle des erfahrenen Moderators, der hilft, die Ansprüche zu klären, in ein Raumprogramm zu übersetzen und die möglicherweise unterschiedlichen Bedürfnisse der einzelnen Familienmitglieder abzustimmen. Er steuert außerdem sein Fachwissen bei. Der Architekt wird auch aus seiner Erfahrung dazu beraten, mit welchen Vor- und Nachteilen eine bestimmte Anordnung der Räume verbunden ist.

Gestaltungsfragen

Auch der individuelle Geschmack und der gewünschte Stil beeinflussen die Wahl des Architekten

Jeder Bauherr hat einen anderen Geschmack. Der eine bevorzugt traditionelle, der andere moderne Bauformen, der eine mag es sachlich, der andere verspielt, der eine möchte ein Haus im regionalen Baustil, der andere liebt es mediterran. Diese Gestaltungsfragen sollten Sie, wenn Sie bauen möchten, mit Ihrer Familie frühzeitig miteinander besprechen und auch bei der Wahl des Architekten berücksichtigen.

Abgesehen davon ist aber eine Vielzahl von Faktoren verantwortlich dafür, ob ein Haus in seiner Gesamtheit »stimmig« wirkt, zum Beispiel die Gebäudestruktur, die

Tabelle zur Ermittlung der jetzigen und der gewünschten Wohnfläche

	gegenwärtig m²	Wunschhaus m²
Wohnzimmer		
Esszimmer		
Schlafzimmer		
Kinderzimmer		
Gästezimmer		
Hausarbeitsraum		
Arbeitszimmer		
Hobbyraum		
Flur		
Diele		
Abstellraum		
Bäder mit WC		
Bäder, Duschen		
WC		
Sauna		
Balkon		
Terrasse		
Summe der Flächen		
Kellerraum		
Bodenraum		
Garage		
Parkplätze		
Garten		

Qualitätvolle Architektur zeichnet sich durch stimmiges Gesamtbild aus

Anordnung und Größe von Fensterflächen, die verwendeten Materialien und Baustoffe, die Dachgestaltung, Zahl und Anordnung von Elementen wie Balkons, Erker, Vorbauten und Terrassen. In gewisser Weise ist die Planung eines Hauses wie ein Mosaik, bei dem jede Farbe einzeln ausgewählt werden muss, aber trotzdem erst ganz zum Schluss sichtbar wird, wie das Gesamtbild wirkt. Bestimmte Kombinationen passen einfach nicht zusammen, auch wenn sie – isoliert betrachtet – unproblematisch erscheinen. Auf ein Gebäude übertragen, heißt das zum Beispiel: Eine offene Grundrisssituation verträgt sich nicht mit kleinen Fenstern, das Eichenparkett nicht mit der Küche aus Buche, die hypermoderne Badeinrichtung nicht mit den Fliesen im biederen Blümchendekor.

Für den Bauherrn ist es oft schwierig, sich das Gesamtbild vorzustellen, das am Ende herauskommt. Trotzdem muss er eine Vielzahl von Einzelentscheidungen treffen. Der Architekt hat darin mehr Erfahrung. Wenn Sie einen Architekten gefunden haben, bei dem Sie sicher sind, dass Sie sich in Geschmacksfragen auf einer Wellenlänge befinden, liegt es nahe, auf sein Urteil zu vertrauen. Trotzdem sollten Sie ihm nicht blind folgen. Lassen Sie sich die Gründe für seine Empfehlungen detailliert erläutern, wenn möglich anhand bereits realisierter Planungen.

Wünschenswert: Bezüge zu benachbarten Gebäuden, Berücksichtigung regionaler Bautypen und -materialien

Der Architekt wird sich bemühen, die Wünsche des Bauherrn so umzusetzen, dass sie dessen Vorstellungen möglichst gut entsprechen. Er wird in der Regel aber auch die umliegenden Bauten sowie typische landschaftliche oder regionale Bautypen und -materialien in seine Überlegungen einbeziehen, denn zum beruflichen Selbstverständnis des Architekten gehört es, Planungen so zu entwickeln, dass sie zum räumlichen Umfeld passen. Deshalb wird der Architekt Wert darauf legen, dass sich der Bau harmonisch in seine Umgebung einfügt. Das heißt nicht, dass Ihr Haus genauso aussehen muss wie die Nachbargebäude. Der Architekt wird aber – beispielsweise durch die Festlegung von Geschosshöhen, die Dimension von Fensterflächen, die Wahl der Fassadenbaustoffe, die Gestaltung des Daches – versuchen, Bezüge zwischen einem neuen Haus und bereits bestehenden Bauten zu schaffen. Das liegt letztlich auch im Interesse des Bauherrn, dem nicht damit gedient ist, wenn sein Haus von der Nachbarschaft als Fremdkörper abgelehnt wird.

Die Standortanalyse

Rahmenbedingungen vor Planungsbeginn klären

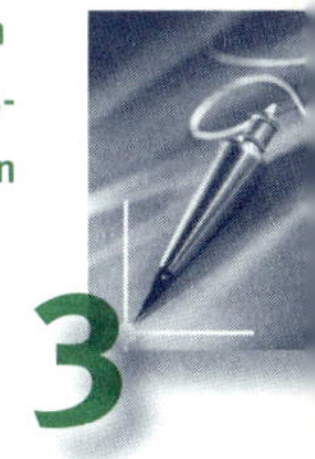

Als Bauherr sollten Sie sich darauf einstellen, dass der Architekt vor Planungsbeginn die Rahmenbedingungen abklärt. Er wird Ihnen eine Reihe von Fragen stellen, die das Grundstück betreffen – zu seiner Lage und Größe, zur Ausrichtung nach Himmelsrichtungen, ob es gemeinsame Grundstücksgrenzen zu Nachbarn gibt und ob auf dem Areal bereits eine (Teil-)Bebauung vorhanden ist oder nicht. Das sind Fragen, die Sie in der Regel problemlos beantworten können. Doch der Architekt will möglicherweise noch mehr wissen:

- Ist eine Erschließungsstraße vorhanden oder geplant?
- Sind Entwässerungskanäle vorhanden oder geplant, existiert eine Sickergrube?
- Wie sieht es mit der Wasser-, Strom- und Gasversorgung aus? Existiert ein Fernwärmeanschluss?

Wenn Sie selbst solche Fragen nicht zu beantworten wissen, kann der Architekt die Informationen bei den zuständigen Behörden einholen.

Baugrundgutachten in vielen Fällen empfehlenswert

Geklärt wird darüber hinaus, ob ein amtlicher Lageplan existiert oder ein öffentlicher Vermesser bestellt werden muss. Eine weitere wichtige Frage ist, ob ein Baugrundgutachten erstellt werden muss. Ein solches Gutachten, in dem unter anderem festgestellt wird, wie tragfähig der Boden ist und ob Sie mit Grundwasser rechnen müssen, ist grundsätzlich empfehlenswert, denn es gibt allen an der Planung Beteiligten Sicherheit und beugt Schäden vor. Die Kosten für das Gutachten richten sich nach den Baukosten, bewegen sich aber in der Regel im vierstelligen Bereich. Wer darauf aus Sparsamkeit verzichtet, kann böse Überraschungen erleben, etwa einen Wassereinbruch in der Baugrube. Dann wird es richtig teuer. Selbst wenn alles gut geht, heißt das nicht unbedingt, dass Sie am Ende gespart haben, denn der Architekt muss nun bei der Planung auf Nummer Sicher gehen. Es kann also passieren, dass er Abdichtungen und Drainagen vorsieht, die eigentlich verzichtbar wären. Nur wenn Sie oder der Architekt ganz sicher wissen, dass die Bodenbeschaffenheit unproblematisch ist, sollten Sie daher auf ein Bodengutachten verzichten.

Planungsrechtliche Einstufung

Wichtige Fragen zum Planungsrecht

Zur Grundlagenermittlung des Architekten gehört auch, die planungsrechtlichen Rahmenbedingungen abzuklopfen. Dem dienen folgende Fragen:

- Liegt das Grundstück in einem Natur- oder Landschaftsschutzgebiet?
- Liegt das Grundstück in einem Wasserschutzgebiet?
- Liegt das Grundstück in einem Erdbebengebiet?
- Sind Altlasten, etwa aus einer früheren gewerblichen oder industriellen Nutzung, vorhanden, oder können sie vermutet werden?
- Sind Abstandsvorgaben zu Straßen, Gewässern oder Wäldern zu beachten?

- Handelt es sich um ein förmlich festgelegtes Sanierungsgebiet, und, wenn ja, welche Festlegungen sind zu berücksichtigen?
- Gelten sonstige planungsrechtlich relevante Satzungen, etwa Gestaltungssatzungen, Abgrenzungssatzungen oder Veränderungssperren?
- Existieren Vorgaben der Denkmalpflege?

Und, eine der wichtigsten Fragen:

- Liegt ein einfacher oder qualifizierter Bebauungsplan (→ Kasten) vor, und welche Vorgaben enthält er?

Bebauungsplan

Bebauungspläne werden von der jeweiligen Kommune erstellt und können von jedem Bürger eingesehen werden. Sie enthalten Festsetzungen für die Grundstücke in ihrem Geltungsbereich und sind in der Regel auch für Laien verständlich. Ein **einfacher Bebauungsplan** enthält nur wenige Vorgaben, etwa im Hinblick auf Baugrenzen und Bebauungstiefen. Häufiger ist jedoch der **qualifizierte Bebauungsplan,** der Aussagen über die Art der Nutzung (Gewerbegebiet, Mischgebiet, reines Wohngebiet) und die zulässige Verdichtung trifft (Zahl der zulässigen Geschosse, Bauvolumen). Er kann auch ökologisch motivierte Aussagen treffen, etwa die Zahl der Stellplätze beschränken, und/oder gestalterische Vorgaben etwa für die Dachform, die Farbe der Dachziegel oder die Höhe von Zäunen umfassen.

Als Bauherr haben Sie mit der Klärung dieser rechtlichen Rahmenbedingungen in aller Regel wenig zu tun, diese

Aufgabe übernimmt der Architekt. Er wird mit Ihnen freilich über die Auswirkungen der Vorgaben auf die Planung sprechen.

Verhandlungen mit den Nachbarn

Als Bauherr müssen Sie das Terrain Ihrer (zukünftigen) Nachbarn respektieren. Einfach über die Grundstücksgrenze hinweg zu bauen, ist nicht erlaubt – auch nicht in luftiger Höhe, etwa durch ein überkragendes Dach, oder unterirdisch, etwa durch Versorgungsleitungen. Wenn das im Einzelfall doch erforderlich ist, brauchen Sie das Einverständnis des Nachbarn, am besten schriftlich.

Vorgeschriebene Abstandsflächen und ihre eventuelle Verminderung

Ein häufiges Problem – nicht nur bei Neubauten, sondern auch bei größeren Umbauprojekten – sind die Abstandsflächen. In der Landesbauordnung hat der Gesetzgeber festgelegt, dass zu Nachbargebäuden bestimmte Abstände eingehalten werden müssen, damit die Bebauung nicht zu dicht wird. Allerdings besteht die Möglichkeit, diese Beschränkungen zu mindern oder sogar ganz aufzuheben, sofern der Nachbar einwilligt. Dann wird – ein rein formaler Akt – ins so genannte Baulastenverzeichnis eine Baulast eingetragen.

Verhandlungslösungen mit Nachbarn vorzeitig ausloten

Was in der Theorie unproblematisch klingt, ist in der Praxis häufig mit schwierigen und langwierigen Verhandlungen verbunden. Nicht jeder Nachbar freut sich über den Neu- oder Anbau an seiner Grundstücksgrenze. Viele lassen es sich bezahlen, ihre Rechte abzutreten. Richtwerte für Abstandszahlungen gibt es nicht; sie hängen von den örtlichen Gegebenheiten ebenso ab wie von dem Wert des betreffenden Grundstücks. Ob eine Einigung möglich ist, sollte am besten *vor* Beginn der Planungsphase geklärt werden. Es hat schließlich wenig Sinn, Entwürfe zu erstellen, die möglicherweise auf falschen Voraussetzungen beruhen.

Wann der Architekt verhandeln sollte

Ob Sie die Verhandlungen selbst führen oder lieber Ihrem Architekten überlassen, hängt vom Einzelfall ab. Wenn Sie die Nachbarn persönlich kennen, empfiehlt es sich, das Gespräch selbst zu führen, eventuell mit Unterstützung des Architekten. Anders sieht es aus, wenn das Verhältnis zu den Nachbarn aus irgendwelchen Gründen belastet ist. Als neutrale Person hat der Architekt in diesem Fall bessere Chancen, eine gute Lösung für den Bauherrn zu erreichen. Auch wenn der Nachbar eine juristische Person ist, also ein Unternehmen oder eine Institution, sind die Erfolgsaussichten in der Regel besser, wenn der Architekt als Profi die Verhandlungen übernimmt.

Zugeständnisse in der Regel gegenseitig

Eine Konsequenz, die häufig übersehen wird: Räumt Ihnen der Nachbar das Recht ein, die Abstandsflächen zu unterschreiten und beispielsweise bis zur Grundstücksgrenze zu bauen, so kann er dieses Recht in der Regel seinerseits bei einer Baumaßnahme in Anspruch nehmen. Überlegen Sie also vorher, ob Sie damit leben können, dass Sie auf diese Weise möglicherweise sehr eng zusammenrücken.

Einschaltung von Sonderfachleuten

Viele Bauherren sehen es als ausreichend an, beim Bau eines Hauses allein einen Architekten zu beauftragen. Tatsächlich ist es aber so, dass neben dem Architekten eine Reihe von Sonderfachleuten für das Bauvorhaben tätig werden.

Tragwerksplaner prüfen Konstruktion und Statik

So ist es unverzichtbar, einen **Tragwerksplaner** hinzuzuziehen. Dieser Statiker prüft die Planung des Architekten in Hinblick auf Konstruktion und Standsicherheit. In der

Regel wird der Architekt seinem Bauherrn einen Tragwerksplaner vorschlagen, mit dem er schon länger zusammenarbeitet. Der Bauherr sollte diese Wahl akzeptieren, denn Preisunterschiede gibt es kaum, weil Tragwerksplaner ebenso wie die Architekten nach der HOAI bezahlt werden. Es kommt also in erster Linie darauf an, dass – neben der Leistung – die Chemie zwischen Architekt und Statiker stimmt.

In der Regel wird der Architekt auch vorschlagen, einen **Fachingenieur für Elektro, Heizung und Lüftung** zu beauftragen. Ob weitere Sonderfachleute, etwa **Lichtplaner,** tätig werden sollten, hängt vom konkreten Projekt und den Wünschen des Bauherrn ab. Bei einem normalen Eigenheim ohne spezielle Ausstattung wird dies in der Regel nicht erforderlich sein.

Innenarchitekt oder Landschaftsarchitekten hinzuziehen?

Ebenfalls von Art und Umfang des konkreten Bauvorhabens hängt es ab, ob es ratsam ist, einen **Innenarchitekten** und/oder **Landschaftsarchitekten** hinzuziehen (→ Seite 20). Diese Frage sollten Sie gemeinsam mit Ihrem Architekten entscheiden. Zwar werden auf diese Weise durch die Honorierung eines weiteren Experten höhere Kosten entstehen, auf der anderen Seite verbessert sich die Planungsqualität.

Leistungen und Honorierung eines Sicherheits- und Gesundheitsschutzkoordinators

Sofern Ihr Bauvorhaben eine bestimmte Größe überschreitet, wird Sie Ihr Architekt auf die »Verordnung über Sicherheit und Gesundheitsschutz auf Baustellen«, kurz Baustellenverordnung (→ Kasten, Seite 82), aufmerksam machen. Darin ist eine Reihe von Verpflichtungen für den Bauherrn festgeschrieben: Beispielsweise muss er die architektonische und technische Planung im Hinblick auf Sicherheits- und Gesundheitsrisiken analysieren und einen Sicherheits- und Gesundheitsschutzplan erarbeiten lassen sowie das Bauvorhaben bei der zuständigen Behörde vorankündigen. Als Laie werden Sie damit in der Regel überfordert sein. Deshalb hat der Gesetzgeber verfügt, dass diese Verpflichtungen von einem **Sicherheits- und Gesundheitsschutzkoordinator (SiGeKo)** wahrgenommen werden können. Das muss eine fachkundige Person sein; es bietet sich an, diese Aufgabe Ihrem Architekten zu übertragen, der das Bauvorhaben ohnehin aus dem Effeff kennt.

Die Honorierung der SiGeKo-Leistungen ist nicht behördlich festgelegt und kann damit im Prinzip frei ausgehandelt werden. Es gibt mittlerweile unverbindliche Honorarvorschläge für die SiGeKo-Leistungen, die von verschiedenen Institutionen vorgelegt worden sind. Am günstigsten ist es, wenn Sie Ihren Architekten gleichzeitig als Sicherheitskoordinator beauftragen, da er das Objekt ohnehin überwacht.

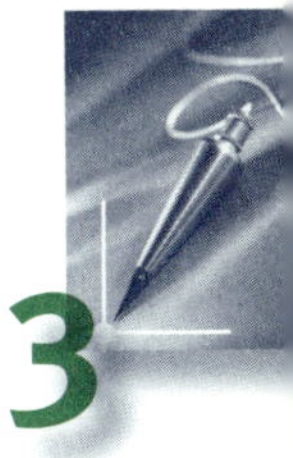

Tipp: **Über die Leistungen und die Honorierung des SiGeKo sollte unbedingt ein schriftlicher Vertrag geschlossen werden!**

Baustellenverordnung

Die Baustellenverordnung ist seit dem 1. Juli 1998 in Kraft. Sie gilt für Baustellen, bei denen die voraussichtliche Dauer der Arbeiten mehr als 30 Arbeitstage beträgt und auf denen mehr als 20 Beschäftigte gleichzeitig tätig werden, sowie für Baustellen, bei denen der Umfang der Arbeiten voraussichtlich 500 Personentage überschreitet. In der Regel ist das erst bei großen Bauvorhaben der Fall. Auch kleinere Bauvorhaben werden einbezogen, wenn auf der Baustelle Arbeitnehmer von mehreren Arbeitgebern tätig sind oder die mögliche Absturzhöhe mehr als sieben Meter beträgt.

In einigen Bundesländern schreibt die jeweilige Landesbauordnung vor, dass weitere Experten hinzugezogen werden müssen. Im Einzelnen weiß das Ihr Architekt. In Nordrhein-Westfalen zum Beispiel hat der Gesetzgeber verfügt, dass so genannte staatlich anerkannte **Sachverständige für den Schall- und Wärmeschutz** (⟶ Kasten) eingeschaltet werden müssen. Sie prüfen, ob die gesetzlichen Vorgaben eingehalten werden, und stellen die Nachweise aus, die der Gesetzgeber verlangt. Viele Architekten sind auch staatlich anerkannte Sachverständige und können die Begutachtung selbst erledigen. Ist Ihr Architekt das nicht, wird er Ihnen einen Kollegen vorschlagen. Auch hier gilt: Da die Honorare gesetzlich festgeschrieben sind, kommt es allein auf die Qualität der Leistung an.

Sachverständige für Schall- und Wärmeschutz

Die staatlich anerkannten Sachverständigen für den Schall- und Wärmeschutz wurden in Nordrhein-Westfalen mit der Novellierung der Landesbauordnung 1995 eingeführt. An sie hat der Staat Aufgaben unter anderem in den Bereichen Schall- und Wärmeschutz sowie Brandschutz delegiert, die früher von den Behörden wahrgenommen wurden.

Staatlich anerkannter Sachverständiger kann nur derjenige werden, der bestimmte Voraussetzungen erfüllt: Er muss Mitglied der Architekten- oder Ingenieurkammer sein, mindestens drei Jahre Berufserfahrung haben und ein fachbezogenes Fortbildungsseminar absolviert haben. Für die Anerkennung sind besondere Kenntnisse nachzuweisen, etwa im Bereich der Baustofftechnologie, der Berechnungsverfahren und der einschlägigen technischen und gesetzlichen Regelwerke. Die Honorierung der Sachverständigenleistungen ist behördlich festgelegt.

Fragen des Brandschutzes in jedem Fall mit dem Architekten klären

Die Einschaltung eines **Brandschutzsachverständigen** ist in der Regel nur bei größeren Objekten erforderlich, bei einem Eigenheim also verzichtbar. Dennoch ist Rauch- und Brandschutzprävention ein Thema, das Sie mit Ihrem Architekten besprechen sollten. So empfiehlt sich die Installation von Rauchmeldern, zumindest in Schlafräumen und im Dachbereich. Rauchmelder sind vergleichsweise preiswert, können aber im Fall der Fälle eine Katastrophe verhindern.

Tipp: Über einen wirkungsvollen Schutz vor Feuer in den eigenen vier Wänden informiert der Ratgeber »Sicherheit für Haus und Wohnung. Einbruchschutz – Brandschutz«, den die Verbraucherzentralen herausgegeben haben (127 Seiten, 7,80 €, ···› Seite 192).

Die Planungsphase bei einem Neubau

Die Vorplanung

Skizzenhafte Lösungen zur Annäherung an den eigentlichen Entwurf

Der Begriff Vorplanung deutet schon an, was in dieser Phase geschieht: Hier geht es darum, skizzenhafte Lösungen zu erarbeiten, bevor der eigentliche Entwurf gefertigt wird. Sie kennen diese Vorgehensweise aus Ihrem persönlichen Bereich, etwa wenn Sie einen wichtigen Brief schreiben: Sie probieren erst mehrere Varianten durch, bis Sie eine Fassung haben, mit der Sie zufrieden sind und die Sie später »verfeinern«. So ist das auch beim Hausbau: Bauherr und Architekt begeben sich zunächst gemeinsam auf die Suche nach Lösungsansätzen. Erst wenn sich der Bauherr aufgrund der Vorplanung für eine Lösung entschieden hat, beginnt der Architekt mit der eigentlichen Entwurfsplanung.

Meist zwei Vorentwürfe notwendig

In der Vorplanung geht es darum, die zu diesem Zeitpunkt noch groben und möglicherweise unvollständigen Vorgaben des Bauherrn in eine Planungsform zu gießen. Der Architekt fertigt erst Strichskizzen an und dann Zeichnungen, in der Regel im Maßstab 1:100. Damit der Architekt nicht an den Vorstellungen des Bauherrn vorbeiplant, braucht er in dieser Phase ein intensives Feedback von ihm. Die Praxis zeigt, dass es mindestens zwei Vorentwürfe gibt, von denen der zweite in der Regel eine Weiterentwicklung des ersten darstellt. Es können aber auch mehr Vorentwürfe werden, etwa wenn verschiedene Varianten zur Debatte stehen.

Intensive Kommunikation zwischen Architekt und Bauherr(enfamilie) unabdingbar

Wichtig ist, dass die Kommunikation in dieser Phase möglichst reibungslos klappt. Architekt und Bauherr müssen sich aufeinander verlassen können. Einsame Entscheidungen des Bauherrn, die er dem Architekten Wochen später mitteilt, sind ebenso kontraproduktiv wie Alleingänge des Architekten, der »vergisst«, den Bauherrn über eine Änderung in seiner Planung zu informieren. Dadurch werden Konflikte vermieden.

Wichtig ist auch, dass der Informationsfluss innerhalb der Bauherrenfamilie klappt. Wenn möglich, sollte Ihr Partner oder Ihre Partnerin stets – und gegebenenfalls auch Ihre Kinder – an den Gesprächen mit dem Architekten teilnehmen.

Kritik und Einwände am Vorentwurf offen formulieren

Als Bauherr fahren Sie gut damit, von vornherein Einspruch zu erheben oder Bedenken anzumelden, wenn die Planung in eine Richtung geht, die Sie nicht verstehen, die Ihnen nicht gefällt oder Ihnen Unbehagen bereitet. Zögern Sie nicht, dem Architekten zu sagen, dass Sie mit einer von ihm vorgeschlagenen Lösung nicht einverstan-

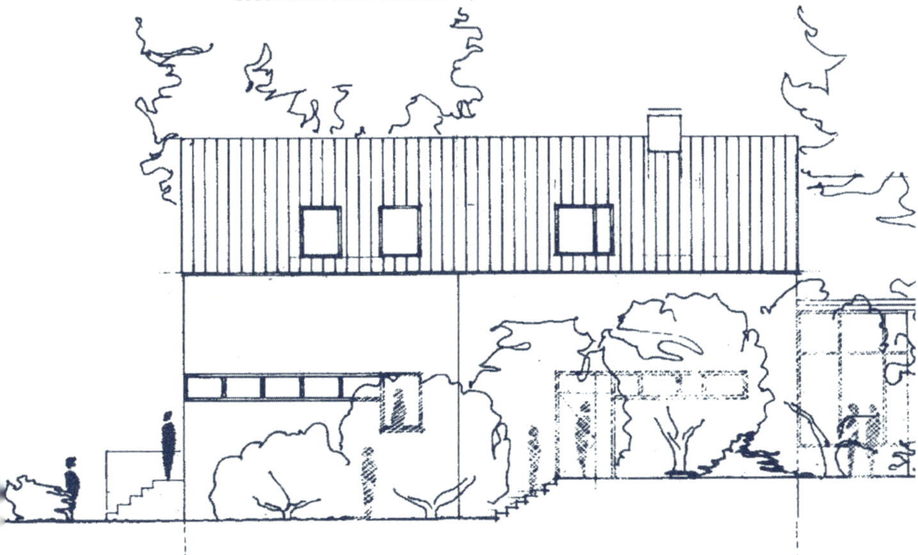

den sind, und fragen Sie so lange nach, bis Sie wirklich verstanden haben, was der Fachmann sagen will. Genau dafür ist die Phase der Vorplanung da, in der es noch relativ unproblematisch ist, den Architekten zu wechseln. Ein erfahrener Architekt weiß das und wird geduldig mit Ihren Fragen und Einwänden umgehen, bis Klarheit herrscht. Für ihn gibt es nichts Schlimmeres, als dass die Planung nahezu fertig ist und der Bauherr plötzlich kundtut, ihm gefalle der Entwurf grundsätzlich nicht.

Dreidimensionale CAD-Darstellungen und Modelle zur Veranschaulichung

Zunehmend arbeiten Architekten bereits in der Vorplanung mit speziellen Computerprogrammen (*computer-aided design*, abgekürzt CAD). Das hat den Vorteil, dass auf dem Bildschirm auch dreidimensionale Darstellungen möglich sind und sich der Bauherr eine bessere Vorstellung von der Planung machen kann als auf dem Papier.

Noch besser eignen sich allerdings richtige Modelle, die von Hand gebaut werden und daher kostspielig sind. Sinnvoll ist ein Modell in jedem Fall immer dann, wenn die Entscheidung zwischen zwei sehr unterschiedlichen Varianten ansteht oder der Bauherr eine Situation entscheiden muss, die er sich anhand der bisherigen Hilfsmittel einfach nicht vorstellen kann.

Genehmigungsfähigkeit der Planung frühzeitig prüfen

Der Architekt berücksichtigt schon beim Vorentwurf erste Überlegungen zur Tragwerksplanung und zur Haustechnik und fühlt bei den Behörden vor, ob das Objekt in dieser Form genehmigungsfähig ist. Wie ausführlich diese Vorverhandlungen mit den Ämtern geführt werden, hängt unter anderem von möglicherweise zu erwartenden Auflagen ab, etwa zum Brand- und Denkmalschutz, und von den Vorgaben im Bebauungsplan.

Wenn planungsrechtliche oder baurechtliche Unklarheiten bestehen, empfiehlt es sich, eine Bauvoranfrage (→ Seite 90) zu stellen, um die Bebaubarkeit rechtzeitig abzuklären.

Zwingender Bestandteil des Vorentwurfs ist die Kostenschätzung (→ Seite 48). Als Bauherr sollten Sie diese beachten und gegebenenfalls Änderungen mit dem Ziel von Einsparungen mit Ihrem Architekten besprechen.

Die Entwurfsplanung

Abschluss der Vorplanung formell bestätigen

Der Übergang zwischen der Vorplanung und der eigentlichen Entwurfsphase verläuft in der Praxis oft fließend. Es ist aber für den Bauherrn empfehlenswert, die Vorplanung durch Unterschrift auf den Planunterlagen formell abzuschließen, damit die Ansprüche klar sind, wenn es hinterher zu Streitigkeiten kommt.

Im Normalfall sind in der Vorplanungsphase die Eckpunkte der Planung geklärt worden. Sie werden nun in der Entwurfsphase präzisiert und im Detail ausgearbeitet.

Beispiele

- Sie haben sich bei der Vorplanung für ein Satteldach entschieden, im Entwurf geht es nun darum, mit welchem Material das Dach gedeckt werden soll.
- Auch die Aufteilung und Größen der Räume wurden im Vorentwurf festgelegt, nun müssen Sie die Abmessungen und Aufschlagsrichtungen der Türen festlegen.
- Haben Sie sich für ein Haus in Massivbauweise entschieden? Jetzt müssen Sie die Materialien, zum Beispiel Kalksandstein oder Porenbeton, festlegen.

Kritikpunkte am Entwurf zur Sprache bringen

Der Bauherr muss also den Architekten in dieser Phase so intensiv begleiten wie beim Vorentwurf. Auch bleibt es nicht aus, dass sich bei der notwendigen Konkretisierung der Pläne auf einmal Schwierigkeiten abzeichnen, die weder Sie noch Ihr Architekt so vorhergesehen haben. Manchmal wird dem Bauherrn – trotz aller vorangegangenen Gespräche – auch erst jetzt die Tragweite einer Entscheidung bewusst. Grundsätzlich besteht die Möglichkeit, in der Entwurfsphase noch Entscheidungen zu ändern, auch vergleichsweise fundamentale, etwa zum Raumprogramm. Ideal ist das zwar nicht. Mit Sicherheit führt es zu Zeitverzögerungen, wenn die Planung zu diesem Zeitpunkt noch einmal grundsätzlich infrage gestellt wird. Bevor Sie sich jedoch die nächsten 30 Jahre ärgern, sollten Sie die kritischen Punkte zur Sprache bringen und auf Änderung bestehen.

Grundlagen für Bauantrag werden komplett erarbeitet

Formal werden in der Entwurfsphase alle Grundlagen erarbeitet, die erforderlich sind, um den Bauantrag stellen zu können (→ Seite 91). Die Zeichnungen des Architekten werden jetzt detaillierter, aber in der Regel ebenfalls im

Maßstab 1:100 angefertigt. Der Architekt bezieht in seine Planung außerdem die Vorgaben der beteiligten Sonderfachleute ein.

Die Entwurfsphase schließt mit einer Kostenberechnung ab (→ Seite 48). Die Kostengruppen werden hier detailliert aufgeschlüsselt und die voraussichtlichen Kosten einzelner Gewerke beziffert.

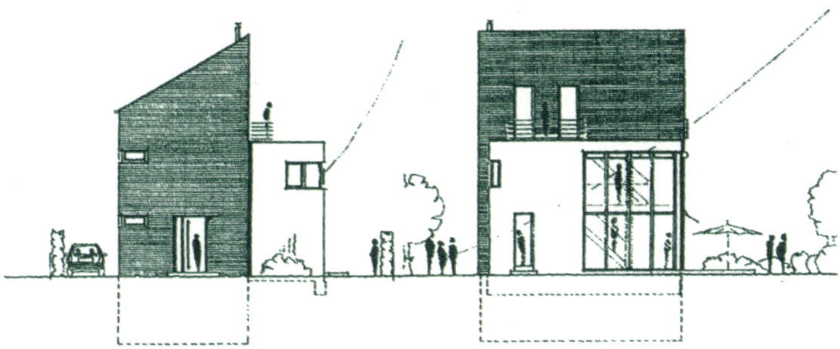

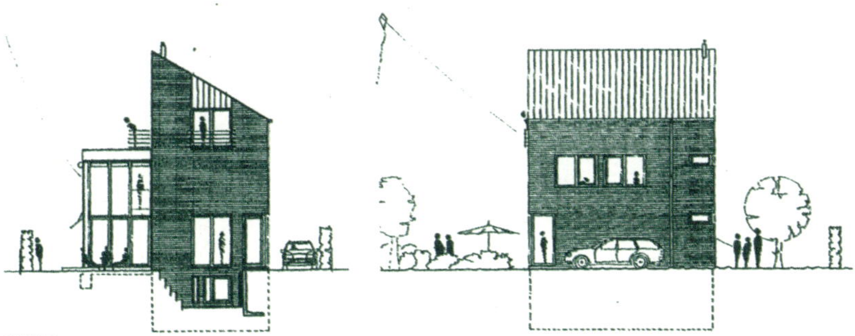

Empfehlenswert: Spätere Ausstattung des Hauses konkretisieren

Sie sollten mit dem Architekten jetzt die Ausstattung für das zukünftige Haus konkretisieren. Es gibt qualitativ und preislich sehr große Unterschiede, zum Beispiel bei Fußbodenbelägen und Sanitärausstattungen.

Tipp: Verständigen Sie sich mit dem Architekten möglichst früh über Qualitäten und Kosten für Bauteile. Der Architekt sollte die Ergebnisse schriftlich festhalten. Das hilft Ihnen, Ihr Budget realistisch einzuschätzen, und erhöht die psychologische Hemmschwelle für Sie, sich später doch für kostspieligere Lösungen zu entscheiden.

Die Bauvoranfrage

Durch eine Bauvoranfrage bei der zuständigen Behörde haben Bauherr und Architekt die Möglichkeit, bestimmte Unklarheiten bereits vor der eigentlichen Genehmigungsphase zu beseitigen. Es gibt keine Verpflichtung, eine Bauvoranfrage zu starten; sie bietet sich jedoch in vielen Fällen während der Vorplanung an, um sicherzustellen, dass der Entwurf nicht in eine falsche oder unzulässige Richtung geht. So sollte eine Bauvoranfrage die Regel sein, wenn es keinen rechtskräftigen Bebauungsplan gibt oder aber wenn die Planung von den Vorgaben des Bebauungsplans abweicht, etwa Bebauungsgrenzen leicht überschritten sind.

Planungs- und bauordnungsrechtliche Probleme im Vorfeld klären

Eine Bauvoranfrage hilft meist, planungsrechtliche Unklarheiten zu beseitigen: Ist die Lage des Gebäudes zulässig? Darf zweigeschossig gebaut werden? Ist die Behörde mit der vorgesehenen Dachgestaltung einverstanden? Auch bauordnungsrechtliche Probleme, etwa hinsichtlich des Brandschutzes oder der Brüstungshöhe von Balkonen, können durch eine Bauvoranfrage aus dem Weg geräumt werden.

Bauvoranfrage beschleunigt in der Regel Baugenehmigungsverfahren

Eine Bauvoranfrage dient der Rechtssicherheit des Bauherrn und wird das Baugenehmigungsverfahren in der Regel beschleunigen. Denn die Antworten der Behörde sind verbindlich, Bauherr und Architekt können sich während der Genehmigungsphase also darauf berufen. Allerdings bedeutet die Tatsache, dass eine Bauvoranfrage gestellt wurde, nicht, dass automatisch ein Anspruch auf eine Baugenehmigung entsteht. Es können ganz andere Probleme auftreten, etwa im Brandschutz, die verhindern, dass die Behörde einer Planung zustimmt.

Gültigkeit von zunächst zwei Jahren

Eine Bauvoranfrage gilt zwei Jahre und kann auf Antrag um jeweils ein Jahr verlängert werden. Sie ist kostenpflichtig. Allerdings können die Kosten für die Bauvoranfrage teilweise mit den Gebühren für die Baugenehmigung verrechnet werden.

Die Baugenehmigung

Bauherr ist formal Antragsteller

Aufgabe des Architekten während der so genannten Genehmigungsplanung ist es, die Anträge auszufüllen und alle erforderlichen Unterlagen und Nachweise zusammenzustellen. Juristisch gesehen ist zwar der Bauherr Antragsteller, doch in der Praxis unterschreibt er lediglich den Bauantrag. Der Architekt reicht dann sämtliche Unterlagen im Namen des Bauherrn bei der Behörde ein. Der Bauherr selbst ist in dieser Phase wenig beteiligt, jedenfalls wenn alles glatt läuft. Er muss sich allenfalls auf Nachfragen des Architekten einstellen, wenn dieser seinerseits Rückfragen von der Behörde erhält.

Eventuell öffentlich bestellter Vermesser notwendig

Für die Baugenehmigung wird eine Eintragung des Bauvorhabens in einen Lageplan benötigt. In vielen Bundesländern ist dafür ein öffentlich bestellter Vermesser zuständig. Ihn zu beauftragen, ist Sache des Bauherrn und gehört nicht zu den Leistungen des Architekten. Dieser kann dem Bauherrn aber Hinweise geben, wie und wo er einen kompetenten Vermesser findet.

Ein Architekt, der sich verpflichtet, eine Genehmigungsplanung zu erstellen, schuldet eine dauerhaft genehmigungsfähige Planung, also nicht die Baugenehmigung selbst. Denn der Bauherr – und nicht der Architekt – hat das Risiko zu tragen, dass eine Baugenehmigung unrechtmäßig verweigert wird. Dagegen mit Rechtsmitteln vorzugehen, ist ebenso allein Sache des Bauherrn.

Voraussetzungen für dauerhaft genehmigungsfähige Planung

Eine dauerhaft genehmigungsfähige Planung setzt voraus, dass der Architekt die Bestimmungen des öffentlichen Bauplanungs- und Bauordnungsrechts sowie der darauf beruhenden Behördenpraxis bei seiner Planung beachtet. Er muss also insbesondere prüfen, ob ein Bebauungsplan vorliegt, wie viele Vollgeschosse zulässig sind und welche Abstandsflächen berücksichtigt werden müssen.

Ein Architekt ist allerdings nicht dafür zuständig, Rechtsfragen zu klären und zu lösen. Auf rechtliche Schwierigkeiten, eine unklare Rechtslage und die Möglichkeit einer Bauvoranfrage (⟶ Seite 90) muss der Architekt den Bauherrn jedoch im Rahmen einer allgemeinen Aufklärungspflicht hinweisen. Kommt er dieser Verpflichtung nach und wünscht der Bauherr trotzdem die sofortige Erstellung der Genehmigungsplanung, scheiden Gewährleistungsansprüche gegen den Architekten aus.

Dauer des Genehmigungsverfahrens

Ein Genehmigungsverfahren kann unterschiedlich lange dauern. Die Dauer hängt von der Arbeitsbelastung der jeweiligen Behörde ebenso ab wie von der Qualität der eingereichten Unterlagen und den individuellen Umständen des Bauvorhabens. Die Praxis zeigt, dass Zeitspannen von wenigen Wochen ebenso möglich sind wie mehrere Monate. Für den Bauherrn ist, wenn sich das Verfahren in die Länge zieht, meist nur schwer zu durchschauen, welche Ursachen die Verzögerung hat. Architekt und Behörde werden sich möglicherweise gegenseitig den Schwarzen Peter zuschieben. In solchen Fällen sollten Sie sich am besten gar nicht auf gegenseitige Schuldzuweisungen einlassen und sich stattdessen auf sachliche Fragen konzentrieren: Was muss passieren, damit es vorangeht? Sprechen Sie mit Ihrem Architekten, welche Möglichkeiten bestehen, dass Sie als Bauherr das Verfahren beschleunigen.

Vereinfachtes Verfahren und Bauen ohne behördliche Genehmigung

Die Regelungen, wann eine Baugenehmigung eingeholt werden muss, und eventuelle formale Verfahren, die Genehmigung zu beschleunigen, sind in jedem Bundesland unterschiedlich. Ihr Architekt weiß, welche Bestimmungen gelten. Bauen ganz ohne ein behördliches Verfahren ist nur in äußerst eingeschränktem Umfang möglich, etwa bei Gartenhäuschen. Auch bei genehmigungsfreien Vorhaben muss geltendes Planungs- und Baurecht beachtet werden. Die Errichtung eines Gartenhäuschens darf also beispielsweise nicht durch Vorgaben in einem Bebauungsplan ausgeschlossen sein.

In vielen Bundesländern existiert eine Freistellungsmöglichkeit, die Wohngebäude von der Genehmigung befreit. Hierzu muss ein Bebauungsplan vorliegen, das Vorhaben darf dessen Festsetzungen nicht widersprechen, und die Erschließung muss gesichert sein. Auch bei genehmigungsfreien Wohngebäuden müssen fast alle Unterlagen eingereicht werden, die sonst erforderlich sind, damit eine Baugenehmigung erteilt wird. Vorteil des Verfahrens: Wenn die Gemeinde nicht innerhalb eines Monats erklärt, dass ein Genehmigungsverfahren durchgeführt werden soll, können sie mit dem ersten Spatenstich beginnen.

Das Verfahren hat allerdings einen Pferdefuß: Es gibt Kreditgeber, die darauf bestehen, eine Baugenehmigung vorgelegt zu bekommen. Ob dies bei Ihnen der Fall ist, sollten Sie vorher klären. Eine sinnvolle Alternative kann das vereinfachte Baugenehmigungsverfahren (⋯› Kasten) sein, das es in einigen Bundesländern gibt, etwa in Nordrhein-Westfalen. Es bietet insbesondere Eigenheimbauern die Möglichkeit, zügig zu einer Genehmigung zu kommen. Allerdings müssen dafür einige Rahmenbedingungen erfüllt sein, über die Sie Ihr Architekt informiert.

Vereinfachtes Genehmigungsverfahren

In einem vereinfachten Genehmigungsverfahren prüft die Baubehörde nur die wichtigsten Punkte eines Bauvorhabens – etwa ob es planungsrechtlich zulässig ist, die Abstandsflächen eingehalten wurden, ausreichend Parkplätze vorhanden sind und örtliche Vorschriften beachtet wurden. In Nordrhein-Westfalen ist ein vereinfachtes Genehmigungsverfahren für alle Bauvorhaben vorgesehen, die keine Sonderbauten wie Hochhäuser, Verkaufsstätten und Schulen sind. Die Gebühren liegen niedriger als bei einer normalen Baugenehmigung.

Kosten für Baugenehmigung

Eine Baugenehmigung gibt es nicht umsonst. Die Gebühren sind von Bundesland zu Bundesland unterschiedlich, Maßstab ist immer die Höhe der voraussichtlichen Rohbaukosten. In Nordrhein-Westfalen beispielsweise liegen die Kosten bei 6 € pro 1.000 € Rohbaukosten.

Niemals ohne Genehmigung mit dem Bau beginnen!

Keinesfalls sollten Sie ohne Baugenehmigung anfangen zu bauen, auch dann nicht, wenn sich die Verhandlungen mit den Behörden scheinbar endlos hinziehen. Ein verantwortungsvoller Architekt wird ein solches Unterfangen ohnehin rundweg ablehnen, denn die Berufsordnung verpflichtet ihn, sich an Recht und Gesetz zu halten. Doch auch als Bauherr haben Sie mit einem eigenmächtigen Vorgehen nur Ärger zu erwarten. Früher oder später wird das Bauamt Wind von der Sache bekommen – Bauarbeiten bleiben selten unbemerkt, und immer wieder zeigen Nachbarn, die sich zum Beispiel über Baulärm ärgern, ungenehmigte Projekte bei der Behörde an. Dann droht ein saftiges Bußgeld, und die Bauantragsunterlagen müssen nachgereicht werden. Sie verlieren außerdem Ihren Anspruch auf Eigenheimzulage. Handelt es sich gar um ein Objekt, das nicht genehmigungsfähig ist, müssen Sie mit einer Abrissverfügung rechnen. Weigern Sie sich, den Abriss vorzunehmen, wird die öffentliche Hand von sich aus tätig und stellt Ihnen als Bauherr die Kosten in Rechnung.

Wird eine einmal erteilte Baugenehmigung später von der Widerspruchsbehörde oder dem Verwaltungsgericht aufgehoben, entlastet dies den Architekten nicht. Erforderlich ist die Bestandskraft der Baugenehmigung, weil der Architekt eine dauerhaft genehmigungsfähige Planung schuldet.

Die Ausführungsplanung

Detailpläne für die beteiligten Bauhandwerker

Wenn die Behörden die Baugenehmigung erteilt haben, nimmt der Architekt die Ausführungsplanung vor. Er zeichnet die Pläne in größeren Maßstäben als bisher, das reicht vom Maßstab 1:50 bis zum Maßstab 1:1. Die Pläne sind in erster Linie als Anleitung für die beteiligten Handwerker gedacht und enthalten daher eine Vielzahl von technischen und konstruktiven Details.

Für den Bauherrn ist es oft schwierig, sich in diese Pläne einzuarbeiten und die Festlegungen nachzuvollziehen. Trotzdem sollte er es versuchen, damit es später nicht zu Überraschungen kommt. Festlegungen, welche Flächen gefliest werden sollen, die genaue Lage der Steckdosen und die Bauart der Heizkörper sind schließlich Dinge, die auch ihn interessieren und die er mit seinem Architekten besprochen haben sollte.

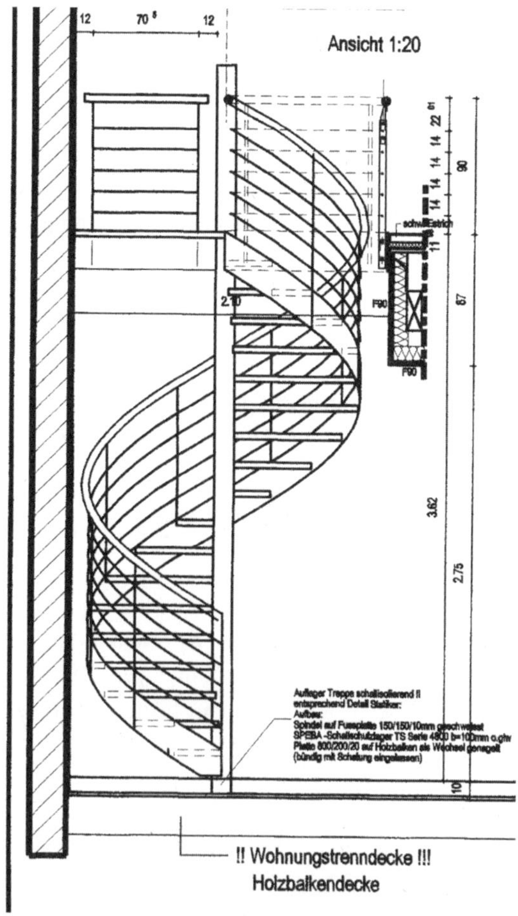

Tipp: Wie auch bei den Leistungsphasen vorher empfiehlt es sich, dass Sie als Bauherr Ihr Einverständnis mit den Plänen dadurch dokumentieren, dass Sie die Freigabe der Pläne mit Ihrer Unterschrift bestätigen. Das gibt Ihnen die Sicherheit, dass der Architekt Ihnen jede Planungsänderung vorlegt und erklärt. Ihr Architekt andererseits weiß, dass Sie mit den Festlegungen einverstanden sind. An der Haftung des Architekten für seine Planung ändert sich dadurch nichts.

Die Planungsphase beim Umbau

Eine Aufgabe für Architekt oder Innenarchitekt?

Der Umbau, die Modernisierung und die Sanierung von Gebäuden – das so genannte Bauen im Bestand – gewinnt in Deutschland immer mehr an Bedeutung. Auf viele Erben gehen jetzt oder in naher Zukunft Häuser oder Eigentumswohnungen über, die in den 1950er, 60er und 70er Jahren gebaut oder erworben wurden. In vielen Fällen weichen die Wohnbedürfnisse der jüngeren Generation erheblich von denen der Eltern ab; außerdem sind die Gebäude häufig in einem Zustand, der eine Modernisierung oder Sanierung dringend geboten erscheinen lässt. Viele Erben, die das elterliche Domizil eigentlich gern übernehmen würden, können sich auf den ersten Blick gar nicht vorstellen, dass sich Haus oder Wohnung so umgestalten lassen, dass es ihren Bedürfnissen entspricht. In vielen Fällen kann ein Architekt oder Innenarchitekt aber durch eine intelligente und pfiffige Planung eine Behausung so verändern, dass sie dem Geschmack der Erben gerecht wird.

Professionelle Planung und Bauüberwachung notwendig

Es gibt freilich noch viele andere Situationen, in denen Bauherren einen Umbau oder eine Modernisierung wünschen. Klassische Fälle sind die Aufstockung eines bestehenden Gebäudes, der Ausbau eines bislang ungenutzten Dachgeschosses und die Erweiterung eines zu kleinen Hauses. Auch der Erwerb eines denkmalgeschützten Hauses macht professionell geplante und überwachte Umbau- und Sanierungsmaßnahmen häufig unumgänglich. Immer beliebter wird auch die Umnutzung von zuvor gewerblich genutzten Bauten wie Fabriketagen (Lofts) und Werkstätten oder von markanten Baudenkmälern wie Türmen oder Windmühlen.

Viele Bauherren unterschätzen allerdings den Aufwand für einen Umbau oder eine Modernisierungsmaßnahme. Sie lassen einen Handwerker kommen in der Annahme, dass dieser die gewünschten Arbeiten durchführen kann. Doch selbst eine »kleine« Grundrissänderung oder ein »kleiner« Anbau kann häufig ohne gründliche Planung, die Prüfung durch einen Statiker und Genehmigung durch das Bauamt gar nicht durchgeführt werden. Skepsis ist angebracht, wenn der Handwerker behauptet, das alles selbst planen zu können und womöglich »zufällig« jemanden an der Hand zu haben, der die erforderliche Planung formal absegnen werde. Auf solche bestenfalls halblegalen Konstruktionen sollten Sie sich keinesfalls einlassen. Handwerker besitzen nicht die Planungsqualifikation eines Architekten und sind überdies in der Regel nicht gegen Haftungsrisiken versichert, die aus einer mangelhaften Planung entstehen können.

Wann sollten Sie einen Architekten oder Innenarchitekten hinzuziehen? Auf jeden Fall immer dann, wenn

- Unklarheit über die Qualität der Bausubstanz herrscht;
- tragende Elemente berührt sind;
- mehrere Handwerker koordiniert werden müssen;

- es sich um ein denkmalgeschütztes Gebäude handelt;
- voraussichtlich eine Baugenehmigung eingeholt werden muss.

Architekt oder Innenarchitekt beauftragen?

Ob Sie sich für einen Architekten oder einen Innenarchitekten entscheiden, hängt von den Maßnahmen ab, die Sie vornehmen lassen wollen. Wenn es um Umbauten oder Modernisierungen im Innenbereich eines Gebäudes geht, ist in der Regel ein Innenarchitekt der richtige Ansprechpartner. Planen Sie An- oder Erweiterungsbauten und wollen Sie im Zuge dessen auch das bestehende Gebäude verändern, empfiehlt sich eher der Gang zum Architekten, der gegebenenfalls einen Innenarchitekten hinzuziehen wird (→ Seite 20).

Eine Bestandsaufnahme ist notwendig

Vor jeder größeren Umbau- und Modernisierungsmaßnahme muss als Grundvoraussetzung der Ist-Zustand analysiert werden. Dazu nimmt der (Innen)Architekt eine gründliche Bestandsaufnahme vor. Sie besteht aus zwei Komponenten, der maßlichen und der technischen Bestandsaufnahme.

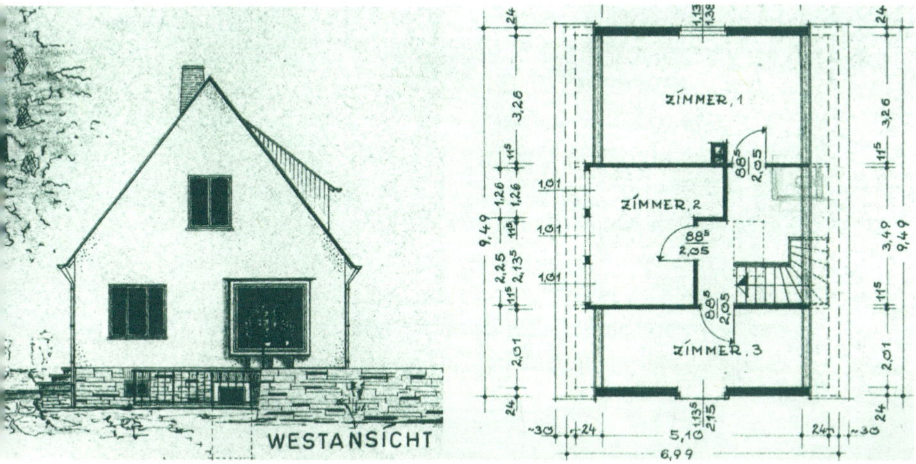

Das ererbte Häuschen aus den 1950er Jahren – stimmen die Pläne?

■ Die maßliche Bestandsaufnahme

Gerade bei älteren Gebäuden fehlen häufig Planungsunterlagen, aus denen hervorgeht, welche Maße die Räume und welche Stärken Wände und Decken haben. Sind Pläne vorhanden, so müssen sie auf ihre Stichhaltigkeit geprüft werden, denn früher wurde nicht selten an den offiziell eingereichten Unterlagen »vorbeigebaut«.

Ältere Planunterlagen geben nicht immer zuverlässig Auskunft

Glauben Sie nicht, dass Sie als Bauherr schnell selbst das Maßband zücken könnten: Ein Aufmaß ist eine Aufgabe, die vom Fachmann vorgenommen werden sollte. Selbst kleinste Abweichungen können Planungsfehler verursachen, außerdem braucht der Architekt oft die Maße von Stellen, die der Laie nicht berücksichtigt. Darüber hinaus verschafft sich der Architekt beim Aufmaß bereits einen ersten Überblick über Planungsmöglichkeiten und bereits abzusehende Probleme.

Honorierung der maßlichen Bestandsaufnahme

Weil die maßliche Bestandaufnahme je nach Gebäude mit einem sehr unterschiedlichen Aufwand verbunden ist, gibt die HOAI in diesem Fall keine Honorare vor. Die Bestandsaufnahme ist vielmehr eine Besondere Leistung (→ Seite 56), deren Abrechnungsmodus freigestellt ist. Als Bauherr haben Sie die Wahl zwischen drei Alternativen:

- → **Die Abrechnung auf Stundenbasis.** *Vorteil:* Die Abrechnung ist für beide Seiten transparent. *Nachteil:* Sie können kaum kontrollieren, ob der angegebene Aufwand realistisch ist.
- → **Vereinbarung einer Pauschalsumme.** *Vorteil:* Auch wenn sich das Aufmaß als erheblich komplizierter erweist, als der Architekt angenommen hat, bleibt das Honorar gleich. *Nachteil:* Wenn das Aufmaß schneller zu bewerkstelligen ist als zunächst angenommen, wäre das Zeithonorar günstiger gewesen.
- → **Abrechnung auf Quadratmeterbasis:** Hierbei wird ein Pauschalhonorar pro Quadratmeter aufzumessende

Bruttogeschossfläche vereinbart. Üblich sind, je nachdem wie verwinkelt und wie gut oder schlecht zugänglich die Räumlichkeiten sind, zwei bis fünf Euro pro Quadratmeter. *Vorteil:* Es gibt einen eindeutigen und neutralen Maßstab. *Nachteil:* Sie müssen einschätzen, ob der Schwierigkeitsgrad, den der Architekt zugrunde legt, realistisch ist.

Tipp: Wenn Sie die Arbeitsweise Ihres Architekten kennen, ist eine Abrechnung nach Stundensätzen am leichtesten nachzuvollziehen und gegebenenfalls zu überprüfen. Sonst empfiehlt sich eine Abrechnung auf Quadratmeterbasis.

Die technische Bestandsaufnahme

Beschaffenheit der Bausubstanz wird untersucht

Ebenso wichtig wie die maßliche ist die technische Bestandsaufnahme. Hierbei untersucht der Architekt die Beschaffenheit und den Zustand der Bausubstanz. Ist der Keller feucht? Ist das Mauerwerk versalzen? Ist der Dachstuhl feucht, hat sich möglicherweise Schwamm gebildet? Aus welchen Materialien bestehen Geschossdecken und Wände?

Prüfung auch bei neueren Bauten erforderlich

Diese Untersuchung ist nicht nur bei denkmalgeschützten Bauten erforderlich. Auch neuere Bauten müssen geprüft werden. Gerade in der Zeit nach dem Zweiten Weltkrieg sind vielfach minderwertige Materialien verbaut worden, außerdem standen bei Planung und Realisierung noch nicht die Kenntnisse zur Verfügung, auf die man heute zugreifen kann, etwa in Hinblick auf Feuchtigkeits- und Wärmeschutz. Selbst Gebäude, die erst vor wenigen Jahren errichtet worden sind, weisen mitunter gravierende Bauschäden auf.

Auch die technische Bestandsaufnahme ist eine Besondere Leistung, die nach Aufwand oder pauschal abgerechnet werden kann (⇢ Seite 56).

Vom Vorentwurf zur Ausführungsplanung

Keine prinzipiellen Unterschiede zur Planung eines Neubaus

Der Ablauf der Planung für einen Umbau oder eine Sanierung unterscheidet sich prinzipiell nicht von dem einer Neubaumaßnahme (⇢ Seite 83).

Die Vergütung von Umbaumaßnahmen

Berechnung eines Umbauzuschlags

Bei Neubauten richtet sich die Honorierung des Architekten im Wesentlichen nach der Höhe der Baukosten. Beim Bauen im Bestand ist dies ebenso, allerdings berechnet der Architekt in der Regel einen Umbauzuschlag, denn das Bauen innerhalb eines bestehenden Gebäudes ist oft sehr aufwändig und erfordert meist einen höheren Planungsaufwand als eine vergleichbare Neubaumaßnahme. Schließlich muss der Architekt in seinen Plan die baulichen Gegebenheiten einbeziehen. Und gerade in Altbauten kann es knifflig sein, eine Lösung zu finden, die den Wünschen des Bauherrn ebenso gerecht wird wie den Verhältnissen vor Ort und dabei auch noch mögliche Auflagen der Denkmalpflege berücksichtigt.

Zuschlagshöhe bemisst sich an Schwierigkeitsgrad der Planung

Die Höhe des Umbauzuschlags liegt in der Regel zwischen 20 und 33 Prozent des Honorars, das im Fall eines Neubaus fällig geworden wäre. Innerhalb dieser Spanne haben Sie als Bauherr Verhandlungsspielraum. Was angemessen ist, hängt vom Schwierigkeitsgrad der Bauaufgabe ab. Richtwerte sind aufgrund der Individualität der Bauten kaum anzugeben. Klar ist: Bei einem verwinkelten Haus mit maroder Bausubstanz, bei dem auch noch denkmalpflegerische Aspekte zu berücksichtigen sind, wird der Umbauzuschlag eher an der Obergrenze liegen. Bei einer einfachen Umbaumaßnahme ohne erschwerende Begleitumstände kann er sich hingegen an der Untergrenze bewegen.

Wert der vorhandenen Bausubstanz wird berücksichtigt

Auch bei der Grundlage für das Honorar – der Höhe der Baukosten – gibt es einen Unterschied zum Neubau: Weil das Ergebnis der Umbaumaßnahme aus alter und neuer Bausubstanz besteht, wird der Wert der bereits vorhandenen Bausubstanz in die anrechenbaren Baukosten einbezogen. Das gilt jedenfalls in der Theorie.

In der Praxis gibt es immer wieder Auseinandersetzungen zwischen Architekt und Bauherr über die Vergütung. Vielfach meinen Bauherren, dass durch die Vereinbarung des Umbauzuschlags gemäß § 24 HOAI die vorhandene Bausubstanz gemäß § 10 Absatz 3a HOAI nicht mehr berücksichtigt werden dürfe, da diese durch den Umbauzuschlag bereits mit abgegolten sei. Dieser Einwand ist unzutreffend: Ein Architekt, der vorhandene Bausubstanz berücksichtigen muss, soll beim Honorar nicht schlechter gestellt sein als derjenige, der sich für Abriss und Neubau entscheidet. Da die beiden Honorarkomponenten Umbauzuschlag und vorhandene Bausubstanz unterschiedliche Voraussetzungen und Zielrichtungen haben, wird somit auch beim Umbau die vorhandene Bausubstanz gesondert berücksichtigt. § 24 HOAI und § 10 Absatz 3a HOAI gelten also nebeneinander.

Effektiver Wert und Erhaltungszustand der Bausubstanz als Maßstab

Damit ist aber noch nicht die Frage beantwortet, wie die vorhandene Bausubstanz anzurechnen ist. Die HOAI fordert hier nur eine »Angemessenheit« und überlässt den Umfang – also nicht das Ob der Anrechnung – einer schriftlichen Vereinbarung. Maßgebend ist dabei der effektive Wert der Gebäudeteile, die mitverarbeitet werden, entsprechend dem Erhaltungszustand zum Zeitpunkt der Baumaßnahme. Wertmindernde Merkmale wie Alter und Substanzmängel sind entsprechend zu berücksichtigen. Und auch die Leistung des Architekten ist als Maßstab für die Angemessenheit heranzuziehen. Dies hat der BGH in seinem Urteil vom 27. Februar 2003 (Az. VII ZR 11/02) betont. Hat der Architekt bei den Grundleistungen einzelner Leistungsphasen vorhandene Bausubstanz nicht technisch oder gestalterisch mitverarbeitet, so ist es auch nicht angemessen, diese Bausubstanz bei den anrechenbaren Kosten zu berücksichtigen.

Wie die vorhandene Bausubstanz berücksichtigt werden kann, zeigen unsere Formulierungsvorschläge für den Architektenvertrag (→ Seite 155). Eine schriftliche Vereinbarung stellt dabei allerdings keine Anspruchsvoraussetzung dar. Werden sich die Parteien also im Streitfall nicht einig, kann das Gericht darüber entscheiden, in welchem Umfang die vorhandene Bausubstanz anzurechnen ist.

Baukosten schwierig einzuschätzen

Bei Umbau- und Sanierungsmaßnahmen ist die Höhe der Baukosten für den Architekten schwieriger einzuschätzen als bei Neubauten. Selbst identische Aufgabenstellungen können aufgrund der individuellen Gegebenheiten mal einen hohen, mal einen niedrigen Aufwand verursachen – entsprechend unterschiedlich fallen die Baukosten aus.

Orientierung an Bauteilkosten empfehlenswert

Es gibt zwar auch für das Bauen im Bestand Kostenkennwerte auf Quadratmeterbasis, doch sie sind wenig aussagekräftig, da jedes Mal andere Rahmenbedingungen herrschen. Ein Kostenkennwert für einen Quadratmeter Wohnfläche beispielsweise sagt nichts darüber aus, ob

Wände neu eingezogen wurden oder die alten verwendbar waren, ob die Heizung neu installiert wurde oder nicht. Besser ist eine Orientierung an Bauteilkosten, die eine weitaus genauere Definition der individuell geplanten Leistungen ermöglicht. Einschlägige Kataloge mit Kennziffern sind auf dem freien Markt erhältlich. Viele Architekten besitzen die nötigen Erfahrungswerte aus früheren Planungen. Eine Baukostensammlung bietet das Baukosteninformationszentrum (BKI, Adresse ⟶ Seite 182) an, eine Einrichtung der 16 Länderarchitektenkammern. Fragen Sie Ihren Architekten, auf welcher Grundlage er die Baukosten geschätzt hat.

Für eine aussagekräftige Kostenermittlung ist eine gründliche Bestandsaufnahme als Grundlage unverzichtbar (⟶ Seite 99). Der Architekt sollte im Sinn einer Vorplanung jede einzelne erforderliche Maßnahme ermitteln und kostenmäßig beziffern.

Ausschnitt aus Baukostensammlung des BKI

Kostenkennwerte für Leistungsbereiche nach StLB (Kosten des Bauwerks nach DIN 276)

LB	Leistungsbereiche	von	€/m² BGF	bis	von	% an 300+400	bis
000	Baustelleneinrichtung incl. 001	5	**11**	33	0,6	**1,3**	4,1
002	Erdarbeiten	12	**22**	41	1,5	**2,7**	5,1
006	Verbau-, Ramm-, Einpressarbeiten	–	**–**	–	–	**–**	–
009	Entwässerungskanalarbeiten	0	**2**	6	0,0	**0,2**	0,7
010	Dränarbeiten	0	**2**	2	0,0	**0,3**	0,3
012	Mauerarbeiten	79	**113**	154	9,7	**14,0**	19,0
013	Beton- und Stahlbetonarbeiten	97	**122**	145	12,0	**15,1**	18,0
014	Natur- und Betonwerksteinarbeiten	3	**10**	28	0,3	**1,2**	3,4
016	Zimmer- und Holzbauarbeiten	40	**59**	115	4,9	**7,4**	14,2
017	Stahlbauarbeiten	0	**0**	2	0,0	**0,1**	0,2
018	Abdichtungsarbeiten gegen Wasser	1	**4**	9	0,2	**0,6**	1,1
020	Dachdeckungsarbeiten	14	**33**	49	1,7	**4,1**	6,0
021	Dachabdichtungsarbeiten	0	**5**	35	0,0	**0,6**	4,3
022	Klempnerarbeiten	8	**17**	38	0,9	**2,2**	4,6
	Rohbau	363	**401**	440	44,9	**49,6**	54,5
023	Putz- und Stuckarbeiten	35	**57**	70	4,3	**7,0**	8,6
024	Fliesen- und Plattenarbeiten	22	**31**	43	2,7	**3,8**	5,3
025	Estricharbeiten	8	**12**	18	1,0	**1,5**	2,2
027	Tischlerarbeiten	58	**93**	121	7,2	**11,5**	15,0
028	Parkett-, Holzpflasterarbeiten	4	**12**	25	0,5	**1,5**	3,1
030	Rolladenarbeiten, Sonnenschutz	1	**6**	12	0,2	**0,7**	1,5
031	Metallbau-, Schlosserarbeiten incl. 035	10	**19**	41	1,2	**2,3**	5,1
032	Verglasungsarbeiten incl. 029	3	**24**	76	0,4	**2,9**	9,4
034	Maler- und Lackiererarbeiten incl. 037	15	**22**	30	1,9	**2,7**	3,7
036	Bodenbelagsarbeiten	0	**8**	15	0,0	**1,0**	1,8
039	Trockenbauarbeiten	0	**3**	22	0,0	**0,4**	2,8
	Ausbau	255	**286**	325	31,5	**35,4**	40,2

Altbausanierung – bei aller Sorgfalt und Erfahrung bleiben Unwägbarkeiten

Immer wieder hört man von unangenehmen Überraschungen, die Bauherren im Lauf einer Umbaumaßnahme erleben, besonders im Altbaubereich. Da erweisen sich Wände, die eigentlich entfernt werden sollten, plötzlich als tragende Wände, weshalb die gesamte Statik nicht mehr stimmt; da wird in den Holzbalken der Decke unversehens Hausschwamm entdeckt. Ein Architekt ist aber in der Lage, solche Unwägbarkeiten bei seiner Bestandsaufnahme größtenteils auszuschließen, und wird beispielsweise mit einem endoskopischen Gerät kritische Stellen auf Schwammbefall hin überprüfen. Deshalb ist es bei der Altbausanierung besonders wichtig, dass Sie einen Architekten oder Innenarchitekten beauftragen, der sich mit der Materie auskennt (⋯> Seite 28). Freilich, eine hundertprozentige Sicherheit wird auch er Ihnen nicht garantieren können. Gerade das Innenleben von Decken und Wänden ist von außen nur begrenzt zu beurteilen. Verdeckte Wasserschäden oder ein Schwammbefall in einer Schüttung sind Beispiele für Schäden, die meist tatsächlich erst bei Sanierungsarbeiten ans Licht kommen, ohne dass der Architekt etwas versäumt hat.

Besondere Anforderungen an die Planung

Viele Umbau- und Sanierungsmaßnahmen erweisen sich als kompliziert, und selbst scheinbar unspektakuläre Veränderungen an einem bestehenden Gebäude werden deshalb oft kostspieliger, als der Bauherr erwartet hat. Rationalisierungsmöglichkeiten wie im Neubau, etwa durch die Verwendung großflächigen Mauerwerks, sind im Altbau kaum möglich. Die Maßnahmen sind kleinteilig, Vieles muss von Hand gemacht werden. Durch eine umsichtige und vorausschauende Planung lässt sich allerdings eine Menge Geld sparen.

Folgende Grundsätze sollten Sie und Ihr Architekt beherzigen:

- Belassen Sie es so weit wie möglich bei den alten Grundrissen, denn Grundrissänderungen sind erstens kostspielig, weil Wände versetzt werden müssen. Zweitens stellt sich gerade bei Altbauten häufig heraus, dass zum Beispiel die Fußböden der einzelnen Räume nicht die gleiche Höhe haben oder der Deckenputz in einem Raum höher, im anderen niedriger steht. Wenn Sie die Raumaufteilung belassen, stört das nicht; wenn Sie sie verändern, kommen Sie um eine Vereinheitlichung der unterschiedlichen Höhen nicht herum.
- Eine kostengünstige Alternative zum Abriss einer tragenden Wand ist zum Beispiel ein großer Türdurchbruch, etwa wenn – ein häufiger Fall – ein großzügigerer Wohn-/Essbereich gewünscht wird. Auch durch neue leichte Trennwände lassen sich teure Grundrissänderungen in vielen Fällen vermeiden.
- Erörtern Sie mit Ihrem Architekten, welche Bauteile erhalten und wiederverwendet werden sollen. Türblätter, alte Treppen und Parkett-/Dielenböden etwa lassen sich oft aufarbeiten und sehen auch noch schön aus. Diese Bauteile sollten möglichst vor Beginn der Bauarbeiten gesichert und an einem Ort außerhalb der Baustelle gelagert werden. Dadurch verhindern Sie, dass bei den Bauarbeiten versehentlich Dinge in den Container wandern, die Sie später teuer neu kaufen müssen. Außerdem schützt ein externes Zwischenlager davor, dass irgendjemand solche Schätzchen von der Baustelle mitgehen lässt.
- Installationen von Rohren und Leitungen sollten gebündelt erfolgen, da sie – anders als im Neubau – kostspielige Durchbrüche durch Wände und Decken erfordern. Durch ein gebündeltes Verlegen können Sie erheblich sparen. Vermeiden Sie es, Leitungen durch

alte Kaminzüge zu legen, auch wenn das auf dem Papier sinnvoll erscheint. In der Praxis müssen die alten Essen dafür komplett aufgeschlagen werden.

- Gehen Sie sorgfältig bei der Auswahl der Baustoffe vor. Altbauten speichern die Feuchte stärker als Neubauten. Einen normalen Zementestrich beispielsweise empfiehlt es sich in der Regel nicht zu verwenden, weil das Trocknen wochenlang dauern kann.
- Keller sind bei Altbauten häufig feucht. Dichtungen einzubauen und damit dieses Problem zu beheben, ist aber in der Regel sehr teuer. Bei einem schmalen Geldbeutel sollten Sie in Betracht ziehen, sich mit dem Makel zu arrangieren. Unverzichtbar ist eine Behebung des Mangels nur dann, wenn im Keller Wohnräume eingerichtet werden sollen. Selbst in diesem Fall sollten Sie überlegen, ob es zu der geplanten Nutzungsvariante Alternativen gibt, etwa indem das Dach zum Wohnbereich ausgebaut wird.

3

Die Ausführungsphase

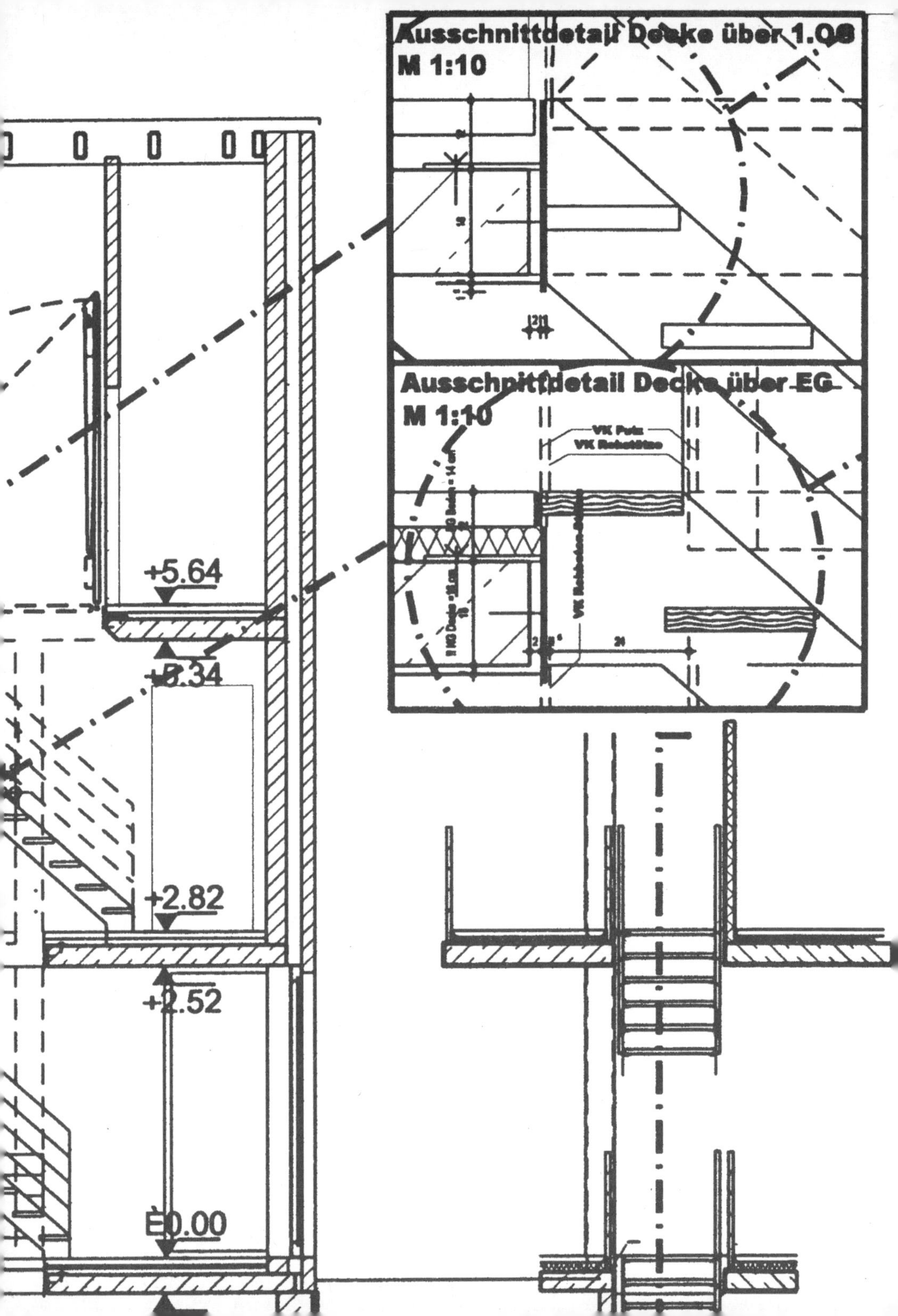

Ausschnittdetail Decke über 1.OG
M 1:10
Ausschnittdetail Decke über EG
M 1:10
VK Putz
+5.64
+5.34
+2.82
+2.52
±0.00

Wer bekommt die Aufträge?

Jetzt ist es so weit: Die Planungsphase ist abgeschlossen, und es gilt, Firmen und Handwerker zu finden, die Ihr Bauvorhaben realisieren. In der Fachsprache heißt dieser Prozess Vergabe. Sie und Ihr Architekt können dabei grundsätzlich zwischen zwei Möglichkeiten wählen:

- Bei der **Einzelvergabe** werden die einzelnen Bauleistungen für abgeschlossene Leistungsbereiche, die so genannten Gewerke, direkt an verschiedene Handwerker und Fachunternehmer vergeben. Diese führen die Aufträge in der Regel selbst aus.
- Ein **Generalunternehmer** übernimmt sämtliche zu dem Bauwerk gehörenden Bauleistungen. Einen Teil dieser Leistungen erledigt er selbst, einen anderen Teil lässt er von Nachunternehmern, auch als Subunternehmer bezeichnet, ausführen.

Bauen mit mehreren Handwerksbetrieben

Auftragsvergabe nach Ausschreibung

Nachdem die Planung fertig gestellt ist, beauftragt der Bauherr aufgrund der Beratung durch seinen Architekten beim Neubau von Einfamilienhäusern und bei Umbauvorhaben in der Regel einzelne Handwerksfirmen mit der Ausführung. Diese Betriebe sind auf bestimmte Leistungen spezialisiert, zum Beispiel Maurer, Fliesenleger, Sanitär- und Heizungsinstallateure oder Dachdecker. Dabei geht es stets darum, ein optimales Preis-Leistungs-Verhältnis zu bekommen. Der billigste Anbieter ist nicht immer der beste, andererseits besteht kein Anlass, Leistungen überteuert einzukaufen. Um herauszufinden, welche Firmen Ihre Ansprüche am besten erfüllen, wird der Architekt in der Regel zu einer beschränkten Ausschreibung raten. Für jedes Gewerk – so heißen die einzelnen Leistungsbereiche am Bau – werden Angebote mehrerer

Firmen eingeholt. Wer einen guten Überblick über den Markt erhalten will, schreibt mindestens fünf Anbieter an.

Architekt erstellt Leistungsverzeichnisse

Das klingt nach einem beträchtlichen Aufwand, und so ist es auch. Doch den größten Teil der Arbeit erledigt der Architekt. Er erstellt so genannte Leistungsverzeichnisse, in denen die geforderten Arbeiten in den einzelnen Gewerken ganz genau beschrieben sind. Zum einen werden die Leistungen dargestellt, zum anderen die gewünschten Bauprodukte, die verwendet werden sollen. Auf dieser Grundlage kalkulieren die Handwerker ihre Angebote.

Beispiele: Ausschreibung

In einer Ausschreibung von Fliesen- und Plattenarbeiten könnte formuliert sein: »(...) Beim Verlegen der Fliesen und Platten auf Gipskarton ist ein verformungsfähiger Fliesenkleber zu verwenden (Auftreten von Schwingungen). Die Fugen sind gleichmäßig breit anzulegen. Maßtoleranzen der Belagstoffe sind in den Fugen auszugleichen. Anschlussfugen zwischen Mauerwerk und Gipskartonwänden sind in dem Fliesenspiegel aufzunehmen. Die Fuge ist dauerelastisch auszufüllen. (...)«

Eine Einzelposition könnte lauten: »160 m^2 Wandfliesen, marmoriert, 15/20 cm, Materialpreis ca. 15 €/m^2 inkl. MwSt., türhoch (ca. 2,15 m hoch im Bad und ca. 1,50 m hoch in den WCs) im Dünnbett auf geputzten Wandflächen, Gipskartonwänden und Schaumträger oder glw., einschließlich Einfliesen der Badewannen und Duschen. Verfugung: weiß oder grau nach Angabe. Einbauort: Bäder und WCs.«

Prüfprotokoll und Preisspiegel: Auswertung der eingegangenen Angebote

In der Regel erstellt der Architekt eine Liste mit Vorschlägen, welche Firmen zur Abgabe eines Angebots aufgefordert werden sollten. Der Bauherr kann sie ändern oder ergänzen. Nicht alle angeschriebenen Handwerksbetriebe werden ein Angebot abgeben, manche werden ausgelastet sein oder aus anderen Gründen kein Interesse an dem Auftrag haben. In der Regel liegen nach einigen Wochen aber ausreichend vergleichbare Angebote vor. Dann erstellt der Architekt ein Prüfprotokoll: Ist das jeweilige Angebot korrekt und komplett? Sind, etwa bei den zu verwendenden Produkten, Alternativvorschläge gemacht worden? Außerdem legt er eine Übersicht an, einen so genannten Preisspiegel, aus dem hervorgeht, wie weit die Angebote der Handwerker auseinander liegen. Beides bespricht er mit dem Bauherrn, um dann gemeinsam zu überlegen, welche Anbieter in die engere Auswahl kommen. Dabei sollten Sie als Bauherr prinzipiell den Empfehlungen des Architekten vertrauen, der viele Handwerker aus eigener Erfahrung kennt oder durch Gespräche mit Kollegen einschätzen kann.

Beauftragung ausschließlich durch Bauherrn möglich

Bei manchen Gewerken steht vermutlich sehr schnell fest, wen Sie beauftragen wollen, bei anderen wird es sich empfehlen, etwa die zwei günstigsten Anbieter zu Gesprächen einzuladen und nachzuverhandeln. Bei diesen Gesprächen kann der Bauherr dabei sein, er kann sie aber auch dem Architekten überlassen. Wichtig ist, dass die endgültige Beauftragung nur durch den Bauherrn erfolgen kann. Er muss die Verträge mit den Handwerksfirmen unterzeichnen.

Insgesamt ist die Einzelvergabe ein aufwändiges Verfahren, das von der Erstellung der Leistungsverzeichnisse bis zur Beauftragung je nach Umfang der ausgeschriebenen Leistungen mehrere Wochen in Anspruch nehmen kann. Es bietet jedoch die beste Gewähr dafür, dass Ihr

Haus von Handwerkern gebaut wird, die preisgünstig sind und qualitativ hochwertige Leistungen erbringen.

Bauen mit dem Generalunternehmer

Nur in Ausnahmefällen beim Einfamilienhausbau

Dass ein Generalunternehmer ein Einfamilienhaus errichtet, kommt zwar vor, bildet aber eher eine Ausnahme. In allen Fällen arbeitet der Generalunternehmer auf der Basis einer Architektenplanung. Typischerweise werden Generalunternehmer bei größeren Bauvorhaben aktiv, etwa wenn es um den Bau von Reihenhäusern geht. Weil ein Generalunternehmer – anders als die meisten Handwerker – in der Regel einen Verwaltungsapparat mit mehreren Mitarbeitern unterhält, lohnen sich kleinere Aufträge für ihn meist nicht.

Generalunternehmervertrag in der Regel Pauschalvertrag

Ein Generalunternehmervertrag entspricht dem Grundtypus des Bauvertrags: Einem Auftraggeber steht ein Auftragnehmer gegenüber. In der Regel handelt es sich um einen Pauschalvertrag, es können aber auch andere Konditionen vereinbart werden. Die Bezeichnung Generalunternehmervertrag bezieht sich nur auf die Einsatzform des Unternehmers, eine weitergehende Charakterisierung, etwa was Leistung und Preis betrifft, ist damit nicht verbunden.

Überschaubare Vertragsabwicklung

Beim Einsatz eines Generalunternehmers steht der Bauherr nur zu diesem in vertraglichen Beziehungen, nicht aber zu den Nachunternehmern. Damit ist bereits ein wichtiger Vorteil des Bauens mit einem Generalunternehmer angesprochen: Der Bauherr hat nur einen Vertragspartner, was die Vertragsabwicklung überschaubarer macht als bei der Einzelvergabe. Regelmäßig wird ein einheitlicher Fertigstellungstermin für das gesamte Bauvorhaben vereinbart und für den Bauablauf ein einheitlicher Termin- und Zahlungsplan aufgestellt. Beim Generalunternehmervertrag entfällt die Abnahme vieler einzelner Gewerke oder Leistungsbereiche, stattdessen wird die Gesamtbauleistung einheitlich abgenommen. Der Bauherr zahlt auch nicht an viele einzelne Unternehmer, sondern allein an den Generalunternehmer.

Ein weiterer Vorteil des Generalunternehmers besteht darin, dass er sämtliche Leistungen koordiniert. Das heißt, die Verantwortung für terminliche Dispositionen, Bauvorbereitung und Bauablauf liegt in einer Hand. Dadurch gibt es weniger Koordinationsschwierigkeiten zwischen den einzelnen Unternehmen, die für unterschiedliche Leistungsbereiche zuständig sind. Solche Koordinationsprobleme, die bei der Einzelvergabe oft vorkommen, können zu Verzögerungen und Mehrkosten führen.

Gewährleistungspflichten in einer Hand

Auch die Gewährleistung des Generalunternehmers ist umfassend, das heißt, er ist für die Behebung sämtlicher Mängel verantwortlich und trägt auch die alleinige Verantwortung für Bauverzögerungen oder sonstige Pflichtverletzungen. Abgrenzungsprobleme wie bei der Einzelvergabe – ein Unternehmer schiebt die Schuld auf den anderen – stellen sich dem Bauherrn nicht.

Bauherr hat keinen Einfluss auf Auswahl der Handwerker

Der Einsatz eines Generalunternehmers hat aber auch beträchtliche Nachteile: So hat der Bauherr keinen Einfluss auf die Auswahl der Nachunternehmer. Er muss darauf vertrauen, dass der Generalunternehmer Firmen beauftragt, die fachkundig, leistungsfähig und zuverlässig sind. Die Praxis zeigt, dass dies keineswegs immer der Fall ist. Der Bauherr beziehungsweise sein Architekt können auch nicht verlangen, dass bestimmte Handwerker beauftragt werden, von denen sie aus Erfahrung wissen, dass sie gute Leistungen erbringen. Ein Generalunternehmer bietet seine Leistung im Paket an, das normalerweise nicht aufgeschnürt werden kann.

In der Regel höhere Baukosten bei Generalunternehmereinsatz

Als weiterer gravierender Nachteil beim Einsatz eines Generalunternehmers kommt hinzu, dass dieser tendenziell zu einer Steigerung der Baukosten führt. Experten beziffern die Mehrkosten mit im Durchschnitt rund zehn Prozent gegenüber der Einzelvergabe. Das liegt vor allem am Verwaltungsapparat des Generalunternehmers, der finanziert sein will. Außerdem berücksichtigt der Generalunternehmer bei seiner Kostenkalkulation seine umfassende Gewährleistungspflicht gegenüber dem Bauherrn: Da er für sämtliche Leistungen der Nachunternehmer haftet, trägt er ein hohes Risiko. Dagegen sichert er sich durch einen Aufschlag auf die Preise ab.

Wer mit einem Generalunternehmer baut, sollte zunächst darauf achten, dass der Vertrag tatsächlich sämtliche Leistungen umfasst, die zur Errichtung des Gebäudes erforderlich sind. Andernfalls kann der Bauherr die böse Überraschung erleben, dass zusätzliche Leistungen fällig werden, deren Kosten er nicht eingeplant hat. Weil Sie als Nichtfachmann in der Regel mit der Prüfung des Vertragswerkes überfordert sind, sollten Sie dafür einen Architekten heranziehen.

Empfehlenswert: Bauüberwachung durch Architekt

Obwohl der Generalunternehmer seine Leistungen selbst koordiniert, empfiehlt es sich, für die Bauüberwachung einen Architekten heranzuziehen, der die Qualität der Handwerkerleistungen kontrolliert. Im Gegensatz zu der Bauüberwachung, die vom Generalunternehmer gestellt wird, ist er unabhängig und wird sehr genau darauf achten, dass alle vertraglich festgelegten Leistungen zur Zufriedenheit des Bauherrn erbracht werden. Die Leistungen des Architekten werden nach der HOAI (→ Seite 46) bezahlt.

Künstlerische Oberleitung durch Architekt

Wenn ein Bauherr mit einem Generalunternehmer ohne gestalterische Abstriche bauen möchte, kann er den Architekten auch mit der so genannten künstlerischen Oberleitung beauftragen. Voraussetzung für eine Honorierung dieser Architektenleistung ist eine schriftliche Honorarvereinbarung, die nicht bei Vertragsschluss getroffen werden muss. Über die Höhe des Honorars enthält die HOAI keine Regelung. Angemessen ist im Regelfall eine Bewertung der künstlerischen Oberleitung mit fünf bis sechs Prozentpunkten.

Die rechtlichen Grundlagen der Vergabe

VOB- oder BGB-Vertrag?

Bauverträge sind heute überwiegend VOB-Verträge

Das Werkvertragsrecht des Bürgerlichen Gesetzbuchs (BGB) hat die Schwäche, dass es nicht auf die speziellen Erfordernisse des Bauvertrags als eines auf Kooperation der Vertragspartner ausgerichteten Langzeitvertrags eingeht. Wegen dieser Unzulänglichkeiten hat sich seit vielen Jahren eine Aufspaltung der Bauverträge ergeben, und zwar in die BGB-Verträge und die so genannten VOB-Verträge, die heute bei weitem überwiegen. Die Vertrags- und Vergabeordnung für Bauleistungen (VOB), vom Deutschen Vergabe- und Vertragsausschuss für Bauleistungen erlassen, soll den Vertragsparteien ein für Bauvorhaben geeignetes Regelungswerk anbieten. Rechtlich handelt es sich bei der VOB um Allgemeine Geschäftsbedingungen. Ihre Geltung muss deshalb stets vertraglich vereinbart werden. Aus Beweisgründen sollte die Schriftform eingehalten werden.

Die VOB gliedert sich in drei Teile:

- **Teil A (VOB/A)** hat die allgemeinen Bestimmungen für die Vergabe von Bauleistungen zum Inhalt und betrifft in erster Linie öffentliche Auftraggeber.
- **Teil B (VOB/B)** behandelt die rechtlichen Beziehungen der Beteiligten nach Vertragsschluss bis zur vollständigen beiderseitigen Erfüllung der Vertragspflichten einschließlich der Verjährung.
- **Teil C (VOB/C)** umfasst allgemeine technische Vertragsbedingungen.

VOB-Regelungen mit Vor- und Nachteilen für Auftragnehmer und Auftraggeber

Ob es sich bei einem Bauvorhaben empfiehlt, die Regelungen der VOB/B und VOB/C zu vereinbaren oder es bei den allgemeinen Bestimmungen des BGB zu belassen, kann nicht für alle Fälle pauschal beurteilt werden. Denn die VOB weicht von den Regelungen des BGB teilweise zugunsten des Auftraggebers und teilweise zugunsten des Auftragnehmers ab. Die bekannteste Regelung zugunsten des Auftragnehmers ist § 13 Nummer 4 VOB/B: Die Gewährleistungsfrist beträgt danach nur vier Jahre, während sie nach BGB fünf Jahre läuft. Oder: Nach § 12 Nummer 2 VOB/B hat der Auftragnehmer einen Anspruch auf Teilabnahmen in sich geschlossener Leistungsteile, bei einem BGB-Werkvertrag dagegen nur nach Abschluss einer entsprechenden Vereinbarung. Auf der anderen Seite ist es für den Auftraggeber günstiger, den Werklohn nach § 16 Nummer 3 VOB/B erst nach Abnahme der Leistung, Überreichen einer prüfbaren Schlussrechnung und Ablauf einer zweimonatigen Prüfungsfrist zahlen zu müssen, während bei einem BGB-Vertrag die Vergütung bei der Abnahme zu entrichten ist.

VOB-Vertrag nur nach Beratung mit dem Architekten abschließen

Über den Abschluss eines VOB-Vertrags sollte daher nur nach eingehender Beratung durch den Architekten entschieden werden. Wenn sich Bauherr und Architekt für den Abschluss eines VOB-Vertrags entscheiden, sollten sie nicht vergessen, dass auch die Regelungen der VOB ergänzungsbedürftig sind: Ein wesentlicher Teil des § 5 VOB/B, der sich mit den Ausführungsfristen und den Folgen befasst, wenn diese nicht eingehalten werden, findet nur Anwendung, wenn die Vertragspartner überhaupt Ausführungsfristen als verbindliche Vertragsfristen festgelegt haben. In § 11 VOB/B ist die Vertragsstrafe im Einzelnen geregelt. Diese Vorschrift greift aber nur dann ein, wenn eine Vertragsstrafe auch ausdrücklich vereinbart worden ist. Gleiches gilt für die Sicherheitsleistungen nach § 17 VOB/B. Diese Aufzählung ließe sich noch erheblich verlängern. Die Vertragsgestaltung hat daher mit der entsprechenden Sorgfalt zu erfolgen. Zu beachten ist, dass die VOB stets nur als Ganzes vereinbart werden sollte.

Tipp: Rechtsfragen und die vertraglichen Regelungen beim Bauen stellt der Ratgeber »Hausbau: Recht und Verträge« (160 Seiten, 7,80 €) der Verbraucherzentralen Schritt für Schritt dar (···> Seite 191).

Die Vollmacht für den Architekten

Der Architekt ist zwar Sachwalter des Bauherrn, jedoch ist er ohne eine entsprechende Vollmacht nicht befugt, rechtliche Handlungen für den Bauherrn vorzunehmen. Aus der Tatsache allein, dass ein Architekt im Rahmen eines Bauvorhabens bestellt wurde, kann nicht ohne weiteres darauf geschlossen werden, dass ihm eine weitreichende Vollmacht erteilt worden ist. Die normale Vollmacht für den Architekten bewirkt nicht, dass dieser verbindliche Verträge mit Wirkung für oder gegen den Bauherrn abschließen, ändern oder andere rechtsgeschäftliche Erklärungen abgeben, wie etwa die Abnahme – soweit sie über die technische Abnahme hinausgeht – der Handwerkerleistungen, oder eine Vertragskündigung aussprechen kann.

Umfang und Grenzen der Architektenvollmacht

Vielfach wird dem Architekten eine so genannte originäre Vollmacht zugesprochen. Ob es diese Rechtsfigur gibt und welche Reichweite ihr gegebenenfalls zukommt, ist im Detail in der Rechtsprechung umstritten. Gesichert ist jedenfalls, dass der Architekt nicht ohne weiteres zur Vergabe von Zusatzaufträgen oder Änderungsaufträgen befugt ist, die Werkleistung des Unternehmers nicht rechtsgeschäftlich abnehmen darf, die vertraglichen Vereinbarungen zwischen Bauherr und Bauunternehmer nicht ändern und im Namen des Bauherrn Rechnungen des Unternehmers nicht anerkennen oder über den Werklohn Vergleiche abschließen kann. Der Architekt ist jedoch bevollmächtigt, ein den Bauherrn bindendes Aufmaß zu erstellen, Weisungen auf der Baustelle zu erteilen und Mängel zu rügen, Angebote und Schlussrechnungen entgegenzunehmen und Ausführungsunterlagen in technischer Hinsicht zu genehmigen.

Umfang und Grenzen der Architektenvollmacht spielen in der Praxis vor allem dann eine Rolle, wenn die Wirksamkeit von Aufträgen und Zusatzaufträgen infrage steht, die der Architekt im Namen des Bauherrn erteilt hat. Um den Bauherrn wirksam rechtsgeschäftlich vertreten zu können, benötigt der Architekt eine ausdrückliche oder zumindest stillschweigende Vollmacht. Zusätzliche Probleme bringt in diesem Zusammenhang der von den Gerichten betonte Gesichtspunkt des Vertrauens- und Verkehrsschutzes, indem bei Fehlen einer ausdrücklichen Bevollmächtigung auf die so genannte Duldungsvollmacht oder Anscheinsvollmacht zurückgegriffen wird.

Empfehlenswert: Vollmacht schriftlich fixieren

Es ist offensichtlich, dass angesichts dieser Rechtsunsicherheit Vorsorge getroffen werden muss. Jedem Bauherrn ist daher dringend zu empfehlen, eine schriftliche Vollmacht zu erteilen, aus der sich genau der Umfang der rechtsgeschäftlichen Vertretungsmacht ergibt. Außerdem sollte der Bauherr in den Verträgen mit den Handwerkern und Bauunternehmern eine korrespondierende Regelung treffen, um für Klarheit zu sorgen. Ein Formulierungsvorschlag für den Architektenvertrag findet sich im Kapitel 5 dieses Ratgebers (····› Seite 165).

Eigenleistungen des Bauherrn

Auch für Eigenleistungen gilt: Terminplan einhalten!

Bei weitem nicht jeder kann es sich leisten, einen Neubau oder eine Altbausanierung komplett durch Fremdfirmen erstellen zu lassen. Viele Bauherren erbringen daher bestimmte Eigenleistungen, abhängig nicht nur von ihren individuellen Fähig- und Fertigkeiten, sondern auch von ihrem Zeitbudget. Vielfach aber unterschätzen Bauherren den Aufwand und bedenken nicht, dass ihre Eigenleistung genau wie die eines Handwerkers innerhalb bestimmter Fristen erledigt werden muss. Andernfalls gerät der Terminplan durcheinander. Überlegen Sie also vorher genau, wozu Sie sich verpflichten und ob berufliche oder private Ereignisse anstehen, die eine zeitgerechte Erledigung der Arbeiten erschweren könnten.

Kein Einfluss auf die Höhe des Architektenhonorars

Auf die Höhe des Architektenhonorars hat es keinen Einfluss, ob und in welchem Umfang Sie als Bauherr Eigenleistungen erbringen. Das nach der HOAI zu ermittelnde Honorar für den Architekten richtet sich im Wesentlichen nach den anrechenbaren Kosten der Baumaßnahme, das heißt nach den Baukosten (····› Seite 46). Weil sich diese vor allem aus den Handwerkerrechnungen zusammensetzen, glauben viele Bauherren, dass sich Eigenleistungen honorarmindernd auf die Architektenvergütung auswirken.

Doch das ist ein Irrtum: Zu den anrechenbaren Kosten zählen nämlich nach § 10 Absatz 3 Nummer 1 HOAI auch Lieferungen und Leistungen, die der Auftraggeber selbst übernimmt. Da der Honorarberechnung der Wert des Bauwerks zugrunde zu legen ist, kann es nach dem Willen des Gesetzgebers auf die Honorierung der Architektenleistungen keinen Einfluss haben, wer die einzelnen Bauleistungen tatsächlich erbringt. Die Verantwortung des Architekten für die richtige Planung, die Verwendung geeigneter Materialien und mangelfreie Ausführung bleibt die gleiche. Erfasst werden daher auch Lieferungen (Baustoffe, Bauteile) und Leistungen (Arbeiten), die der Auftraggeber selbst übernimmt oder die von Dritten aufgrund persönlicher Beziehungen im Rahmen der »Nachbarschaftshilfe« billiger oder sogar kostenlos angeboten werden. Anzusetzen sind dabei die ortsüblichen Preise, also die Endpreise, die ein Unternehmer am Ort der Bauausführung beziehungsweise in dessen näherer Umgebung verlangen würde. Dazu gehört auch der fiktive Unternehmergewinn.

Tipp: **Es ist dringend anzuraten, Eigenleistungen und ihren Nutzen mit dem Architekten zu beraten. Manche Gewerke, zum Beispiel Teile der Elektroarbeiten, dürfen nicht in Eigenleistung erbracht werden.**

Auf der Baustelle

Der Beginn der Bauarbeiten

Wenn die Leistungen an Handwerksfirmen vergeben sind, beginnen die Bauarbeiten – und damit die aufregendsten Wochen für den Bauherrn. Schritt für Schritt sieht er nun, wie sich die Planung konkretisiert und ein Gebäude entsteht.

Auch in der Bauphase: Kritikpunkte offen ansprechen

Trotz aller vorangegangenen Bemühungen, die Planung des Architekten durch Erklärungen oder auch anhand von Modellen plastisch zu machen, kommt es allerdings auch vor, dass der Bauherr eine bestimmte Vorstellung im Kopf hatte, die er mit dem Haus, das er nun entstehen sieht, zunächst nur schwer in Einklang bringt. Wenn es so ist: Überlegen Sie genau, was Sie stört, und sprechen Sie mit Ihrem Architekten darüber, ob noch Abhilfe zu schaffen ist.

Terminplanung und Zeitschema für den Ablauf der Bauarbeiten

In der Terminplanung, die bereits im Rahmen der Vergabe erfolgt, ist festgelegt, welche Firma zu welchem Zeitpunkt welche Arbeiten erledigt. Ein grobes Zeitschema für den Neubau eines Einfamilienhauses sieht so aus, wenn es auch fallabhängig kleinere oder größere Abweichungen geben kann: In den ersten sechs bis zehn Wochen wird der Rohbau erstellt, es folgen zwei bis drei Wochen für den Zimmermann, der den Dachstuhl baut. Weitere zwei bis drei Wochen braucht der Dachdecker. Erst wenn das Dach abgedichtet ist, die Fenster eingebaut sind und es nicht in die Räume hereinregnen kann, beginnen die Innenarbeiten: Teilweise nacheinander, teilweise gleichzeitig kommen Installateure, Putzer, Fliesen- und Bodenleger, Schreiner, Maler ... Wie lange es dauert, bis das ganze Haus fertig ist, hängt von der konkreten Planung ab. Ein durchschnittliches Bauvorhaben sollte innerhalb von sechs Monaten abgewickelt sein, allerdings können sich je nach Einzelfall auch erheblich kürzere oder längere Bauzeiten ergeben.

Im Idealfall funktioniert eine Baustelle wie ein präzises Uhrwerk, und alles läuft termingerecht. Wo viele Beteiligte aufeinander abgestimmt werden müssen, gibt es auch viele Fehlerquellen. Außerdem sind zahlreiche Bauarbeiten wetterabhängig. Ein Terminplan kann noch so gut sein – ob es plötzlich vier Tage regnet und der Dachdecker deshalb das Dach nicht abkleben kann, lässt sich nicht vorhersagen. Wappnen Sie sich als Bauherr also mit einiger Geduld.

Versuchen Sie, Vertragsstrafen mit den Bauunternehmen für den Fall zu vereinbaren, dass eine Firma ihre Arbeiten nicht bis zu einem bestimmten Termin erledigt hat.

Vertragsstrafen bei Terminüberschreitung anstreben

Eine zeitgerechte Erledigung vieler Arbeiten hängt nicht nur davon ab, ob das Wetter mitspielt, sondern auch davon, ob die Vorleistungen pünktlich und mängelfrei erbracht worden sind. Darauf aber hat der nachfolgende Handwerker keinen Einfluss.

Die Bauüberwachung durch den Architekten

■ Was bedeutet Bauüberwachung?

Damit Sie als Bauherr mit der Qualität Ihres Hauses oder Ihres Umbaus zufrieden sind, ist es von zentraler Bedeutung, dass die Bauleitung durch den Architekten gewissenhaft ausgeübt wird. In der Bauphase sind Engagement, Sorgfalt und Strenge, aber auch Fingerspitzengefühl und Motivationsvermögen des Architekten ausschlaggebend dafür, dass sich alle Handwerker Mühe geben und etwaige Mängel frühzeitig erkannt und beseitigt werden.

Bauleitung erweist sich als komplexe Aufgabe

Die Aufgaben des Bauleiters (Details → Seite 129) bestehen im Wesentlichen darin, die beteiligten Handwerker zu koordinieren, ihnen bei Nichterscheinen hinterherzutelefonieren, Termine auch kurzfristig umzudisponieren, bei Ausfall eines Handwerkers Ersatz zu finden sowie die technische Richtigkeit und Qualität der Ausführung zu überwachen. Außerdem prüft der Architekt eingehende Zwischenrechnungen und misst zum Beispiel nach, ob der Fliesenleger tatsächlich 100 oder nur 94,5 m² verlegt hat. Gemeinsam mit dem Bauherrn nimmt er schließlich die fertigen Leistungen ab und protokolliert die Mängel, die noch beseitigt werden müssen. Die Bauleitung stellt also eine sehr komplexe Aufgabe dar.

Viele Bauherren erwarten, dass der Architekt Tag für Tag auf der Baustelle ist. Das wird aber in der Regel nicht der Fall sein. In manchen Phasen der Bauarbeiten passiert nicht so viel, dass eine tägliche Anwesenheit erforderlich wäre. Als Faustregel lässt sich sagen, dass der Architekt mindestens einmal wöchentlich den Fortgang der Arbeiten kontrollieren sollte. In Phasen, in denen besonders viele oder schwierige Leistungen erbracht werden, sollte er aber häufiger nach dem Rechten sehen, beispielsweise alle zwei Tage.

Beauftragung von Änderungen nur in Rücksprache mit Architekt vornehmen

Als Bauherr werden Sie – auch wenn Sie keine Eigenleistungen erbringen – möglicherweise häufiger auf der Baustelle sein als der Architekt, denn natürlich interessiert es Sie, welche Fortschritte Ihr Bauvorhaben macht. Dabei sollten Sie durchaus prüfen, ob die Ausführung der Arbeiten Ihren Vorstellungen entspricht. Auf zahlreiche Details können Sie nämlich noch während der Bauarbeiten Einfluss nehmen und dabei auch von der ursprünglichen Planung abweichen, etwa was die Anzahl von Steckdosen oder Fernsehanschlüssen angeht. Sie sollten sich nur klar darüber sein, dass dies in der Regel mit Mehrkosten verbunden ist. Beauftragen Sie keine Änderungen ohne Rücksprache mit Ihrem Architekten, sonst glaubt der bei seinem nächsten Rundgang über die Baustelle, die Handwerker hätten die Arbeiten falsch ausgeführt. Außerdem machen Mehrleistungen schriftliche Nachbeauftragungen, so genannte Nachträge, erforderlich. Darauf sollten Sie unbedingt achten, weil sich sonst kaum mehr kontrollieren lässt, was der Handwerker zusätzlich erledigen soll (und was nicht) und welche Kosten er dafür in Anschlag zu bringen gedenkt.

Ohnehin ist eine enge Kooperation zwischen Bauleiter und Bauherr empfehlenswert. Sie sollten regelmäßig gemeinsam über die Baustelle gehen. Geben Sie nur über den Bauleiter Anweisungen an die Handwerker. Es gibt Spezialisten unter den Handwerkern, die es geschickt auszunutzen verstehen, dass sowohl der Bauherr als auch der Architekt weisungsbefugt sind. Stimmen Sie sich mit Ihrem Architekten ab, bevor Sie Entscheidungen treffen.

Abnahme bereits fertig gestellter Leistungen

Anzuraten ist auch eine gemeinsame Abnahme bereits fertig gestellter Leistungen. Praktisch sieht das so aus, dass Sie und der Bauleiter gemeinsam über die Baustelle gehen und sich die durchgeführten Arbeiten ansehen. Der Architekt hält in einem Abnahmeprotokoll die Mängel fest, die noch beseitigt werden müssen. Oft sind es nur Kleinigkeiten, die nachzubessern sind, etwa die Nacharbeitung von Fugen oder die Glättung von Unebenheiten. Eine komplett mängelfreie Abnahme ist eher die Ausnahme als die Regel. Formal liegt die Abnahme bei Ihnen als Bauherr, Sie bestätigen sie mit Ihrer Unterschrift. Dafür können Sie dem Architekten zwar auch eine Vollmacht erteilen, sicherer aber ist es, wenn Sie die Leistungen selbst in Augenschein nehmen, damit es hinterher nicht zu Streitigkeiten kommt.

Baumängel und ihre Beseitigung

Ohnehin sind Mängel und ihre Beseitigung ein häufiger Anlass für Auseinandersetzungen. Typisch sind Meinungsverschiedenheiten zwischen dem Handwerker einerseits und dem Architekten beziehungsweise dem Bauherrn andererseits, ob Mängel noch innerhalb bestimmter Toleranzgrenzen liegen oder nicht. Im Extremfall entscheiden die Gerichte, meist einigt man sich jedoch im Vorfeld. Dabei haben Sie beziehungsweise Ihr Architekt ein entscheidendes Druckmittel in der Hand: Die Rechnungen sind zum Zeitpunkt der Abnahme in der Regel noch nicht voll bezahlt, das geschieht erst im Rahmen der so genannten Schlussrechnung. Und solange Sie Mängel beanstanden, müssen Sie den Restbetrag nicht zahlen. Der Handwerker hat also gute Gründe einzulenken, wenn er das Geld zeitnah erhalten will.

Architekt prüft Handwerkerrechnungen

Die Rechnungen der Handwerker müssen natürlich Sie als Bauherr bezahlen, die erste Prüfung hingegen liegt in der Regel beim Architekten. Er sollte die einzelnen Positionen sehr sorgfältig in Hinblick auf Fehler und irrtümlich in Anschlag gebrachte Leistungen durchgehen. Da vier Augen immer mehr sehen als zwei, sollten aber auch Sie vor Anweisung des Betrags eine Plausibilitätskontrolle vornehmen und beim Architekten nachfragen, wenn Ihnen eine Rechnung zu hoch erscheint.

Gewährleistung beginnt mit der Abnahme

Mit der Abnahme beginnt die Gewährleistungsfrist, die vier oder fünf Jahre dauert. In dieser Zeit haftet der Handwerker: Falls nachträglich Mängel auftreten, muss er sie innerhalb einer angemessenen Frist beseitigen. Was eine angemessene Frist ist, hängt vom konkreten Schadensfall ab – ein undichtes Dach, durch das es ins Haus regnet, ist binnen Stunden abzudichten, während ein paar kaputte Fliesen durchaus ein paar Tage warten können. Wie man sich vorstellen kann, sind Handwerksbetriebe meist alles andere als begeistert, wenn sie nach Jahren Mängel bei einem Bauvorhaben beseitigen sollen, das sie gedanklich längst ad acta gelegt haben. Wenn Sie nicht selbst hinter den Firmen herrennen möchten, können Sie auch damit einen Architekten beauftragen. Das hat den zusätzlichen Vorteil, dass sofort ein Fachmann prüft, ob es sich um einen echten Mangel handelt oder um normale Abnutzungserscheinungen.

> **Tipp:** Was zu tun ist, wenn es zum Streit mit Handwerkern kommt, darüber informiert Sie der Ratgeber »Handwerker und Kundendienste« (106 Seiten, 5,80 €) der Verbraucherzentralen (···> Seite 192).

Absicherung gegen Insolvenz des Bauhandwerkers

Ein Problem, das gar nicht so selten vorkommt: Ein Handwerksbetrieb hat während der Gewährleistungsfrist Insolvenz angemeldet, und Sie müssen die Mängelbeseitigung kostenpflichtig bei einem anderen Unternehmen in Auftrag geben. Eine Möglichkeit der Absicherung besteht darin, sich bei Vertragsabschluss von den wichtigsten Handwerkern eine Bankbürgschaft geben zu lassen. Sie können auch vereinbaren, dass ein gewisser Prozentsatz der Schlussrechnung – üblicherweise fünf Prozent – erst nach Ablauf der Gewährleistung ausgezahlt wird. Oft wird ein solcher Sicherheitseinbehalt erst ausgezahlt, wenn der Handwerker eine Bürgschaft vorlegt.

■ Die Grundleistungen

Vom Architekten im Normalfall zu erwartende Tätigkeiten im Rahmen der Bauüberwachung

In der Leistungsphase 8, der so genannten Objektüberwachung (···> Seite 54), sind idealtypisch die Tätigkeiten des Architekten, die zur baulichen Umsetzung einer Planung erforderlich sind, in 15 Teilleistungen beschrieben. Die Objektüberwachung ist mit 31 % des möglichen Gesamthonorars für Grundleistungen des Architekten die am höchsten honorierte Leistungsphase. Wenn man sich die vom Architekten zu erbringenden Leistungen im Einzelnen ansieht, wird deutlich, dass es auch in der Ausführungsphase unverzichtbar ist, einen Architekten einzuschalten.

1) Die **Ausführung des Objekts zu überwachen,** ist eine zentrale Grundleistung des Architekten. Er hat zunächst darauf zu achten, dass die Ausführung mit der Baugenehmigung, den Ausführungsplänen und den Leistungsbeschreibungen übereinstimmt und den allgemein anerkannten Regeln der Technik sowie den einschlägigen Vorschriften entspricht. Die vom Architekten zu erbringende Überwachung erfasst die Ausführung aller von seinem Auftrag erfassten Bauarbeiten, also einschließlich der Spezialbaumaßnahmen oder -gewerke, soweit nicht die Überwachung ausdrücklich aus dem Architektenvertrag ausgenommen ist.

Anwesenheit des Architekten auf der Baustelle

Die nach dieser Grundleistung für Spezialgewerke zu erbringende Überwachung beschränkt sich aber auf grundlegende, einfache, allgemeine technische Belange. Nicht erfasst ist dagegen die fachspezifische ingenieurtechnische Kontrolle in Fällen, die im Hinblick auf besondere Schwierigkeiten spezielle Fachkenntnisse erfordern. Wie intensiv die Überwachung zu erfolgen hat, richtet sich nach den Umständen des Einzelfalls (→ Seite 125). Soweit für den Architekten erkennbar wird, dass ihm für die Überwachung die erforderliche eigene Fachkenntnis fehlt, trifft ihn eine Beratungs-, Belehrungs- und Warnpflicht dem Bauherrn gegenüber. In solchen Fällen muss der Architekt dem Bauherrn auch empfehlen, einen Sonderfachmann oder Spezialisten hinzuzuziehen.

2) Beim **Überwachen der Ausführung von Tragwerken** handelt es sich um eine Statikerleistung, die zur Grundleistung des Architekten geworden ist. Bei dieser Grundleistung geht es zumeist um die Kontrolle der Bewehrung im Stahlbetonbau.

3) Der Architekt hat die **Koordination der an der Objektüberwachung fachlich Beteiligten** zu erledigen. Hierzu zählen die Fachplaner, denen Leistungen für bestimmte Bereiche übertragen wurden, zum Beispiel Tragwerksplaner oder Fachplaner für Gewerke, die die angesprochenen Spezialkenntnisse erfordern, etwa bei der Heizungs- oder Lüftungsmontage. Der Architekt hat die Reihenfolge der zu erbringenden Leistungen so festzulegen, dass Baubeteiligte sich nicht gegenseitig behindern, fertig gestellte Teile des Bauwerks nicht durch Folgearbeiten beschädigt werden und die Aufeinanderfolge Zeit sparend und ökonomisch ist. Außerdem ist sicherzustellen, dass kein Baubereich während der Ausführung ohne fachkundige Aufsicht ist und die Leistungen der einzelnen Bauunternehmer aufeinander abgestimmt sind.

4) Als weitere Grundleistung nennt die HOAI die **Überwachung von Detailkorrekturen an Fertigteilen.**

Zeitplan in Form eines Balkendiagramms

5) Das **Aufstellen und Überwachen eines Zeitplans** in Form eines Balkendiagramms (····> Seite 132) ist als weitere Grundleistung in das Leistungsbild einbezogen. In dem Balkendiagramm müssen die Ausführungsfristen der Unternehmer ebenso aufgeführt sein wie die der Planer. Ferner ist der Architekt verpflichtet, die Einhaltung des Zeitplans zu überwachen und fortzuschreiben.

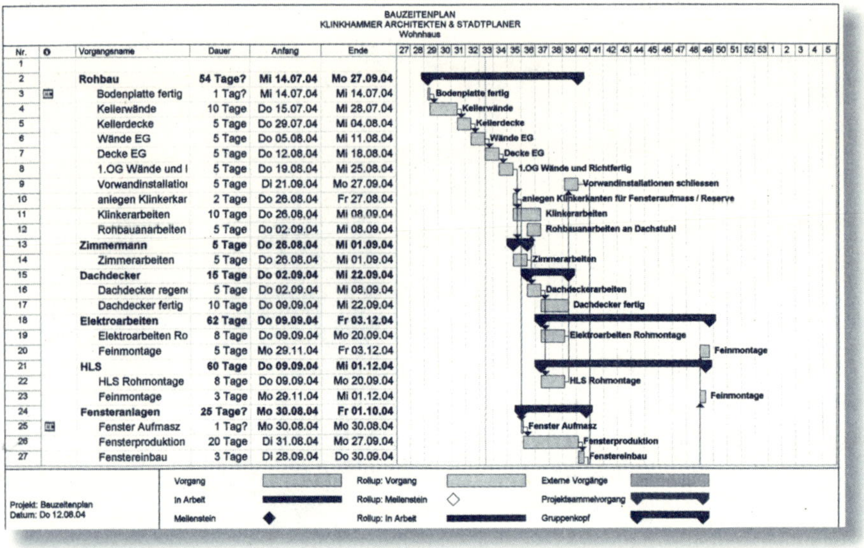

Nr.		Vorgangsname	Dauer	Anfang	Ende
1					
2		**Rohbau**	**54 Tage?**	**Mi 14.07.04**	**Mo 27.09.04**
3		Bodenplatte fertig	1 Tag?	Mi 14.07.04	Mi 14.07.04
4		Kellerwände	10 Tage	Do 15.07.04	Mi 28.07.04
5		Kellerdecke	5 Tage	Do 29.07.04	Mi 04.08.04
6		Wände EG	5 Tage	Do 05.08.04	Mi 11.08.04
7		Decke EG	5 Tage	Do 12.08.04	Mi 18.08.04
8		1.OG Wände und I	5 Tage	Do 19.08.04	Mi 25.08.04
9		Vorwandinstallatio	5 Tage	Di 21.09.04	Mo 27.09.04
10		anlegen Klinkerkar	2 Tage	Do 26.08.04	Fr 27.08.04
11		Klinkerarbeiten	10 Tage	Do 26.08.04	Mi 08.09.04
12		Rohbauanarbeiten	5 Tage	Do 02.09.04	Mi 08.09.04
13		**Zimmermann**	**5 Tage**	**Do 26.08.04**	**Mi 01.09.04**
14		Zimmerarbeiten	5 Tage	Do 26.08.04	Mi 01.09.04
15		**Dachdecker**	**15 Tage**	**Do 02.09.04**	**Mi 22.09.04**
16		Dachdecker regen	5 Tage	Do 02.09.04	Mi 08.09.04
17		Dachdecker fertig	10 Tage	Do 09.09.04	Mi 22.09.04
18		**Elektroarbeiten**	**62 Tage**	**Do 09.09.04**	**Fr 03.12.04**
19		Elektroarbeiten Ro	8 Tage	Do 09.09.04	Mo 20.09.04
20		Feinmontage	5 Tage	Mo 29.11.04	Fr 03.12.04
21		**HLS**	**60 Tage**	**Do 09.09.04**	**Mi 01.12.04**
22		HLS Rohmontage	8 Tage	Do 09.09.04	Mo 20.09.04
23		Feinmontage	3 Tage	Mo 29.11.04	Mi 01.12.04
24		**Fensteranlagen**	**25 Tage?**	**Mo 30.08.04**	**Fr 01.10.04**
25		Fenster Aufmasz	1 Tag?	Mo 30.08.04	Mo 30.08.04
26		Fensterproduktion	20 Tage	Di 31.08.04	Mo 27.09.04
27		Fenstereinbau	3 Tage	Di 28.09.04	Do 30.09.04

Wichtige Dokumentation für eventuelle Gewährleistungsfälle

6) Das als Grundleistung vom Architekten zu führende **Bautagebuch** dient vor allem Beweiszwecken. Im Bautagebuch sind alle wesentlichen Vorgänge bei der Errichtung des Bauwerks aufzunehmen, die im Hinblick auf spätere Gewährleistungsfälle von Bedeutung sein können. Dazu zählen Arbeitsbedingungen auf der Baustelle (Einfluss der Witterung, Arbeitsbehinderungen, -unterbrechungen und -verzögerungen), Beanstandungen, Beurteilungen von Lieferungen und der personelle und örtliche Einsatz der Unternehmer. Die Pflicht, ein Bautagebuch zu führen, verlangt vom Architekten jedoch keine zusätzlichen Baustellenbesuche; es reicht aus, wenn er seine Aufzeichnungen anhand der ohnehin erforderlichen Baustellenbesuche zur Bauüberwachung macht.

7) Das als Grundleistung mit den ausführenden Firmen zu erstellende **gemeinsame Aufmaß** dient dem Nachweis von Art und Umfang der erbrachten Leistungen. Das Aufmaß spielt grundsätzlich nur bei denjenigen Verträgen mit Werkunternehmern eine Rolle, bei denen nach Preisen je Einheit abgerechnet wird. Bei Pauschalpreisverträgen entfällt in der Regel die Notwendigkeit, ein Aufmaß zu erstellen. Es ist nur dann erforderlich, wenn die Leistung nicht durch die Pauschale abgedeckt wird. Die Frage, wie ein gemeinsames Aufmaß rechtlich einzuordnen ist und welche Bindungswirkung ihm zukommt, ist außerordentlich umstritten.

8) Die nächste Grundleistung ist die **Abnahme der Bauleistungen,** bei der Mängel festgestellt werden. Hierbei wirken die anderen an der Planung und Objektüberwachung fachlich Beteiligten mit. Gemeint ist hier nicht die rechtsgeschäftliche Abnahme, zu der der Architekt üblicherweise nicht berechtigt ist, sondern die so genannte technische Abnahme – etwa im Sinn einer technischen Vorprüfung, ob die rechtsgeschäftliche Abnahme möglich ist. Werden Mängel festgestellt, muss der Architekt auch eventuelle eigene Planungs- und Aufsichtsfehler offenbaren.

Technische Abnahme geht rechtsgeschäftlicher Abnahme voraus

Bei der Mängeluntersuchung wird vom Architekten nicht der Einsatz von Spezialgeräten oder die Aneignung von Spezialkenntnissen gefordert, wie sie nur Fachfirmen besitzen. Allerdings muss der Architekt seinen Auftraggeber, soweit erforderlich, darauf hinweisen, wenn ihm eine weitergehende Untersuchung und damit auch eine abschließende Beurteilung einer Leistung nicht möglich ist. Im Anschluss an die technische Abnahme hat der Architekt den Bauherrn über das Ergebnis zu informieren und zu beraten, ob die rechtsgeschäftliche Abnahme durchgeführt werden soll oder nicht. Er muss bei dieser Gelegenheit den Bauherrn darauf hinweisen, dass dieser sich gegebenenfalls Rechte aus einem Vertragsstrafenversprechen vorbehält.

9) Die **Rechnungsprüfung** gilt als eine zentrale Grundleistung. Dabei werden alle Rechnungen fachtechnisch und rechnerisch auf ihre Richtigkeit und Vertragsgemäßheit überprüft, die von Bauunternehmen und Lieferanten aus dem Leistungsbereich des Architekten gestellt werden. Dies umfasst sowohl die Schluss- als auch die Abschlagsrechnungen. Der Architekt hat auch die Rechnungen der beteiligten Sonderfachleute zu prüfen, soweit sie ihm der Auftraggeber übergibt. Das Ergebnis der Prüfung muss der Architekt seinem Auftraggeber mitteilen.

Rechnungsprüfung muss Skontofristen berücksichtigen

Die Möglichkeit des Skontoabzugs ist vom Architekten bei seiner Zeitplanung zu berücksichtigen, sodass dem Bauherrn die Zahlung innerhalb der Skontofrist möglich ist. Eine erfolgte Prüfung bestätigt der Architekt mit seinem Prüfvermerk unter den geprüften Rechnungen. Weil der Architekt nur gegenüber seinem Auftraggeber zur Rechnungsprüfung verpflichtet ist, können Bauunternehmer aus dem Vermerk des Architekten für sich keine Rechte gegenüber dem Bauherrn herleiten. Der Prüfvermerk ist lediglich eine Empfehlung des Architekten an seinen Bauherrn.

BGH-Urteil zur Architektenhaftung bei der Rechnungsprüfung

Das Haftungsrisiko des Architekten darf nicht unterschätzt werden angesichts der vielen Insolvenzen in der Bauwirtschaft. Ein Urteil des Bundesgerichtshofs (BGH) vom 4. April 2002 (Az. VII ZR 295/00) macht dies deutlich. Es ging um folgenden Sachverhalt:
Ein Bauherr verlangte Schadenersatz wegen mangelhafter Architektenleistungen und warf dem beklagten Architekten vor, die Rechnungsprüfung unterlassen zu haben und seiner Informationspflicht nicht nachgekommen zu sein. Deshalb sei es zur Überzahlung eines

Unternehmers gekommen, weil er als Bauherr eine weitere Abschlagsrechnung beglichen habe, obwohl der entsprechende Bautenstand noch gar nicht erreicht war und sich die bis dahin erbrachten Bauleistungen als mangelhaft erwiesen. Der Vertrag mit dem Bauunternehmer wurde später gekündigt, eine Rückzahlung der zu viel gezahlten Beträge war wegen zwischenzeitlich eingetretener Insolvenz nicht mehr möglich.

Der BGH bejahte eine Hinweis- und Mitteilungspflicht des Architekten gegenüber dem Bauherrn, was den Rückstand beim Bau und die aufgetretenen Mängel betrifft. Darüber hinaus führte das Gericht aus, dass ein mit der Objektüberwachung beauftragter Architekt unter anderem auch verpflichtet ist, Abschlagsrechnungen des Bauunternehmers daraufhin zu überprüfen, ob sie fachtechnisch und rechnerisch richtig sind und ob die zugrunde gelegten Leistungen erbracht sind und der vertraglichen Vereinbarung entsprechen. Unter dem Gesichtspunkt des Mitverschuldens stellte der BGH fest, dass der Bauherr nicht verpflichtet ist, sich beim Architekten von sich aus über den Bautenstand sowie die bis dahin aufgetretenen Mängel zu erkundigen. Ein Mitverschulden komme allenfalls dann in Betracht, wenn der Bauherr tatsächliche Kenntnis von Rückständen und Mängeln habe.

10) Die **Kostenfeststellung** nach DIN 276 (→ Seite 49) ist eine weitere zentrale Grundleistung. Hier werden alle bei der Bauausführung tatsächlich entstandenen Kosten zusammengestellt.

11) Als nächste Grundleistung zählt der **Antrag auf behördliche Abnahmen** und die Teilnahme des Architekten an diesen Abnahmen. Hiermit sind alle nach den jeweiligen Landesbauordnungen erforderlichen Teil- und Schlussabnahmen gemeint, zum Beispiel die Rohbau- und die Gebrauchsabnahme.

Alle erforderlichen Unterlagen sind dem Bauherrn zu übergeben

12) Zudem muss der Architekt **das Objekt übergeben.** Dazu gehört auch, dass die erforderlichen Unterlagen, etwa Bedienungsanleitungen und Prüfprotokolle, zusammengestellt und dem Bauherrn übergeben werden. Das gilt auch für Unterlagen, die Auskunft über Ausbau und Verlauf wichtiger Konstruktionen und Anlagen geben, zum Beispiel Verlegepläne für Installationen, Bewehrungen und Entwässerung sowie Abnahmeprotokolle.

Gewährleistungsfristen und Ablaufdaten sind aufzuführen

13) Die nächste Grundleistung ist das **Auflisten der Gewährleistungsfristen.** Eine entsprechende Liste soll dem Bauherrn zur Kontrolle dienen, innerhalb welcher Zeit er gegebenenfalls seine Rechte gegenüber den Unternehmern geltend machen, aber auch zeigen, wann er eventuell einbehaltene Sicherheiten freigeben muss. Diese vom Architekten zu liefernde Auflistung muss nicht nur die Dauer der einzelnen Fristen, sondern auch die genauen Ablaufdaten enthalten. Diese Pflicht bezieht sich auch auf die Sonderfachleute. War der Architekt an der Vergabe dieser Leistungen nicht beteiligt, hat er sich die entsprechenden Vertragsunterlagen vom Bauherrn zur Einsichtnahme geben zu lassen.

14) Weiterhin hat der Architekt zu **überwachen, dass die bei der Abnahme der Bauleistungen festgestellten Mängel beseitigt werden.** Er ist dabei grundsätzlich nicht dazu berechtigt, den Bauherrn rechtlich bindende Erklärungen abzugeben. Erforderlich ist jedoch, dass der Architekt die betroffenen Beteiligten zur Mängelbeseitigung auffordert.

15) Schließlich ist vom Architekten in der Leistungsphase 8 die **Kostenkontrolle** zu erbringen. Diese verlangt einen Vergleich der im Kostenanschlag (⟶ Seite 49) veranschlagten mit den tatsächlichen Baukosten. Gemeint ist hier, dass der Architekt durch einen ständigen Kostenvergleich rechtzeitig Erkenntnisse gewinnt, wie sich das Baubudget entwickelt, um gegebenenfalls zu erkennen, dass Kosteneinsparungen nötig sind.

Wichtig: Einsparmöglichkeiten rechtzeitig erkennen

■ Architektenhaftung bei der Bauüberwachung

Anwesenheit auf der Baustelle bei einfachen und gängigen Arbeiten

Es ist allgemein anerkannt, dass sich Umfang und Intensität der Objektüberwachung durch den Architekten nach den konkreten Anforderungen der Baumaßnahme und den jeweiligen Umständen des Einzelfalls richten. Deshalb kann auch nicht allgemein gesagt werden, wann und wie oft der Architekt die Baustelle besuchen muss. Bei einfachen und gängigen Arbeiten muss er nicht ständig auf der Baustelle präsent sein. Aber auch hier muss der Architekt während der Arbeiten Stichproben durchführen und die Leistungen am Ende kontrollieren. Hierzu zählen nach der Rechtsprechung: das Aufbringen von Dachpappe, Hinterfüllungsarbeiten, die Verlegung von Fußböden und Platten oder das Einziehen elektrischer Leitungen.

Hat der Architekt jedoch auch bei einfachen und gängigen Arbeiten Anhaltspunkte dafür, dass Schwierigkeiten vorliegen oder dass bestimmte Unternehmer wirtschaftliche Schwächen zeigen, darf er sich nicht auf Stichproben und eine Endkontrolle beschränken. Bei solchen Warnsignalen muss er seine Überwachungstätigkeit intensivieren. Ziehen sich zum Beispiel bestimmte Maurerarbeiten über Wochen hin, muss auch dem nicht jeden Tag die Baustelle aufsuchenden Architekten der Handlungsbedarf auffallen.

Unternehmen in wirtschaftlichen Schwierigkeiten intensiv kontrollieren

Befindet sich ein Unternehmen in einer wirtschaftlichen Krise, muss der Architekt dem Rechnung tragen und seine Kontrollen so ausdehnen, dass er das von der Insolvenz bedrohte Unternehmen bei jedem Arbeitsschritt im Auge behält. Werden etwa die Arbeitnehmer nicht mehr ordnungsgemäß bezahlt, so liegt es nämlich nahe, dass am Bau gepfuscht wird, weil sich die Geschäftsleitung und die Arbeitnehmer nicht mehr ganz ihrer Aufgabe, sondern ihren finanziellen Problemen widmen. Hinzu kommen in solchen Fällen regelmäßig Schwierigkeiten bei der Materialbeschaffung.

Aufsichtspflicht bei gefährlichen und kritischen Bauarbeiten

Eine erhöhte Aufsichtspflicht besteht in Fällen mit Signalwirkung, also bei typischen Gefahrenquellen oder sonst schwierigen und kritischen Bauarbeiten. Dazu gehören insbesondere Abbrucharbeiten, alle Abdichtungsarbeiten, Dämmungs- und Isolierarbeiten sowie die Verankerung des Daches durch den Zimmermann. Derartige Leistungen hat der Architekt grundsätzlich unmittelbar zu überwachen. Mindestens aber muss er sich unmittelbar nach deren Abschluss von der ordnungsgemäßen Ausführung überzeugen. Hierbei spielt es keine Rolle, wer diese Leistungen erbringt.

Bauüberwachung des Architekten bei Eigenleistungen des Bauherrn

Es gibt Architekten, die der Meinung sind, sie hätten bei der Bauüberwachung mit den Eigenleistungen des Bauherrn nichts zu tun und bräuchten sich deshalb nicht darum zu kümmern. Dies verkennt aber die vertraglichen Verpflichtungen: Die Pflicht des Architekten zur Bauüberwachung bleibt auch dann bestehen, wenn sein Auftraggeber bestimmte Arbeiten in Eigenleistung durchführt. Allerdings darf der Architekt darauf vertrauen, dass der Bauherr die erforderlichen Kenntnisse und Fähigkeiten für das von ihm in Eigenleistung übernommene Gewerk besitzt. Fehlt diese Fachkenntnis und ist deshalb von einer

Pflicht des Architekten zur Bauüberwachung auszugehen, so kommt diese nur in Betracht, wenn der Bauherr dem Architekten durch entsprechende Mitteilung und Aufforderung, bei den Arbeiten anwesend zu sein, konkret die Möglichkeit einräumt, diese Bauaufsicht auch auszuüben.

4

Der Vertrag mit dem Architekten

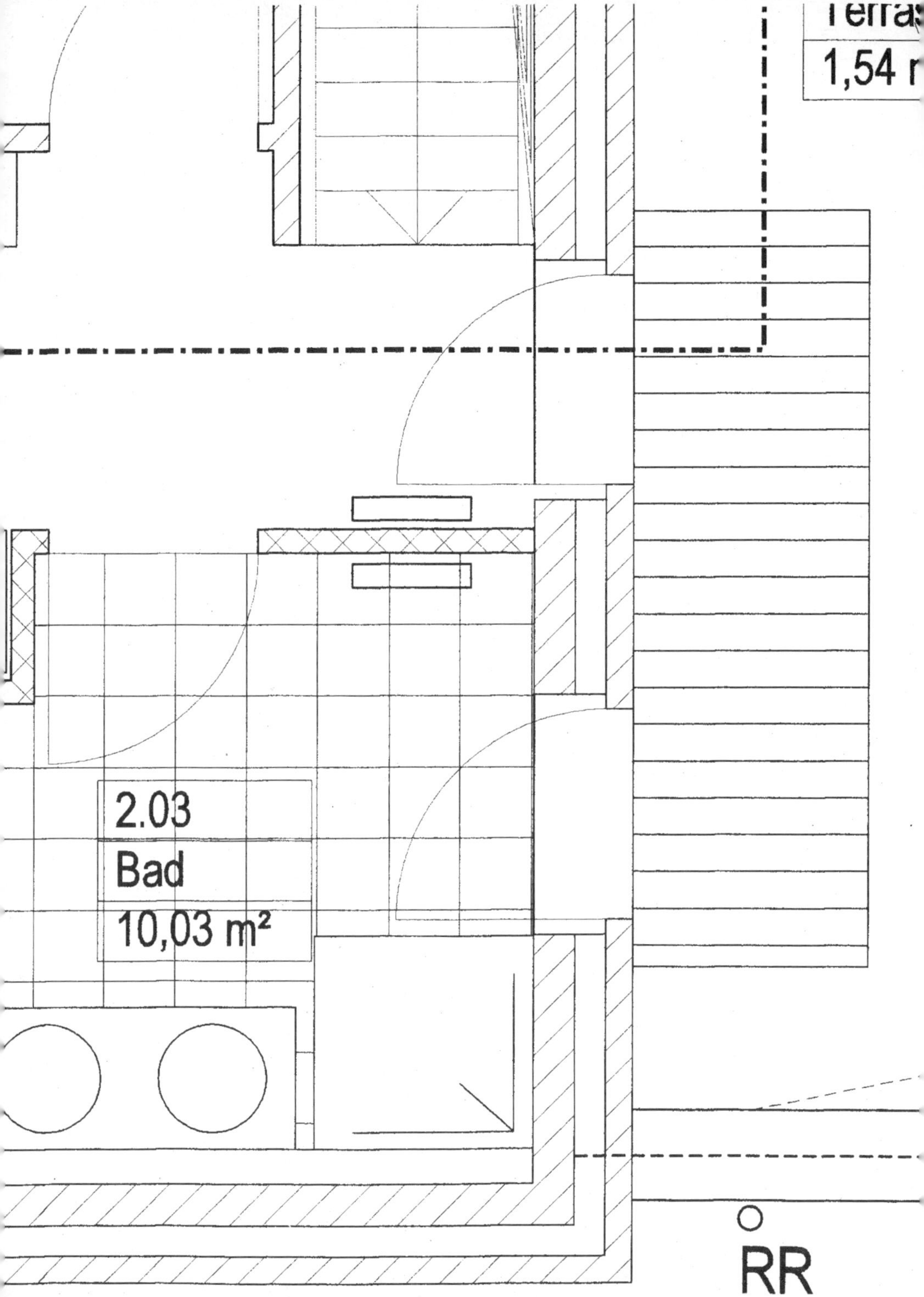
Terras
1,54 m
2.03
Bad
10,03 m²
RR

Im folgenden Kapitel werden die wichtigsten Regelungsbereiche im Verhältnis zwischen Architekt und Bauherr vorgestellt. Sie sollten in jedem schriftlichen Architektenvertrag berücksichtigt werden. Die gängigen Musterverträge, die den Bauherren häufig von Architekten vorgelegt werden, sind zum Teil ausführlicher, weil sie wegen ihres Vordruckcharakters unterschiedliche Regelungsalternativen berücksichtigen müssen. Manche in den Musterverträgen angesprochenen Rechtsprobleme werden in der Praxis nur bei größeren oder gewerblichen Bauvorhaben relevant, die in diesem Ratgeber nicht behandelt werden.

Die nachfolgenden Formulierungsvorschläge sollen als – hoffentlich von allen Beteiligten als interessengerecht und ausgewogen angesehene – Regelungsmöglichkeiten verstanden werden. In keinem Fall handelt es sich dabei um »Musterformulierungen«, die für jeden Fall gleichermaßen geeignet sind. Vielmehr können sie nur eine Orientierungshilfe darstellen. Gegebenenfalls sind entsprechende Änderungen und Anpassungen vorzunehmen.

Es versteht sich von selbst, dass einige hier nicht berücksichtigte Fragen im Einzelfall besondere Relevanz bekommen können. Als Bauherr sollten Sie also grundsätzlich erwägen, einen »Sonderfachmann Recht«, also einen spezialisierten Rechtsanwalt hinzuzuziehen.

Die einzelnen vertraglichen Regelungen

Vertragsgegenstand

Als ein wichtiger Grund für Streitigkeiten zwischen Bauherren und Architekten wird angesehen, dass die vom Architekten geschuldete Leistung nicht vertraglich festgelegt wird, dass also unklar bleibt, welche Leistungsziele er herbeizuführen hat. Wenn die Zielvorstellungen des Bauherrn für sein Bauvorhaben überhaupt nicht definiert, später aber seine Vorstellungen nicht oder fehlerhaft umgesetzt werden, ist es für ihn nur sehr schwer möglich, dem Architekten Planungsfehler nachzuweisen.

Klar definierte Leistungsbeschreibung formulieren

Auf die Definition der Planungsaufgabe sollte der Bauherr deshalb viel Sorgfalt verwenden, vor allem wenn der schriftliche Architektenvertrag unterzeichnet wird. Nach ständiger Rechtsprechung besteht nämlich die Vermutung, dass die über ein Rechtsgeschäft aufgenommenen Urkunden vollständig und richtig sind. In Form einer funktionalen Leistungsbeschreibung sollte der Bauherr daher die Leistungsziele in qualitativer, technischer, zeitlicher und wirtschaftlicher Hinsicht so genau wie möglich beschreiben.

Beispiel

Vertraglich festzuhalten ist das Ziel des Bauherrn, einen bestimmten Haustyp zu errichten mit zum Beispiel zwei Stockwerken, einer Wohnfläche von mindestens 150 m², einer bestimmten Anzahl von Zimmern, Bädern und Toiletten, Kellerräumen, Hobbyräumen ... sowie mit zwei Pkw-Stellplätzen. Auch sollten eine Beschränkung der Baukosten, die Relation von Nutz- und Verkehrsflächen, die Aufgliederung der Nutzflächen (Anzahl und Größe der Wohnungen), anzustrebende Bewirtschaftungskosten oder Ausstattungsanforderungen angesprochen werden. Eine Rolle kann auch spielen, ob bestimmte Fördermittel oder Steuervergünstigungen angestrebt werden.

Auch die Option, ein Haus später in Wohnungseigentum umwandeln und dabei mehrere Wohnungen zusammenlegen zu können, ist für die Planung relevant. Außerdem sollte der Bauherr bei Vertragsschluss Wert darauf legen, Leistungsfristen für Zwischenergebnisse (zum Beispiel Fertigstellung des Entwurfs an einem bestimmten Termin oder der Ausführungsplanung zu einem bestimmten Zeitpunkt nach Stellung des Bauantrags oder Eingang der Baugenehmigung) festzulegen. Werden diese Termine versäumt, sollte eine vereinbarte Vertragsstrafe ausgelöst werden.

Vertragsgrundlage (Parteien, Vertragsbestandteile)

Unklarheiten vermeiden, wer Vertragspartner des Architekten ist

Bei mündlich abgeschlossenen Architektenverträgen ist häufig unklar, wer eigentlich Vertragspartner des Architekten ist. Gehört das zu bebauende Grundstück Ehegatten, so sind diese im Zweifel gemeinsam Vertragspartei, besonders dann, wenn sie gemeinsam die Verhandlungen mit dem Architekten geführt haben. Das allein ist aber nicht Voraussetzung für die rechtliche Bindung beider Ehepartner. Es reicht in der Regel aus, dass beide Grundstückseigentümer sind und der Ehemann zum Beispiel erklärt, der Architekt möge für ihn und seine Frau ein Haus planen.

Auch bei einem schriftlichen Architektenvertrag kann es zu Zweifelsfragen über die Vertragspartnerschaft kommen. Ist im Vertragstext am Anfang nur eine Person als Auftraggeber genannt und hat zusätzlich am Ende eine zweite Person, zum Beispiel der Ehegatte, unterschrieben, dann stellt sich die Frage, ob diese zusätzliche Person ebenfalls Vertragspartner geworden ist. In der Regel wird hier mindestens ein Schuldbeitritt des zusätzlich Unterzeichnenden anzunehmen sein. Aber auch die umgekehrte Situation ist nicht selten: Werden in dem Architektenvertrag beide Eheleute als Auftraggeber aufgeführt und ist die gesamte Korrespondenz an beide Eheleute gerichtet, kann die Ehefrau unter dem Gesichtspunkt der Anscheinsvollmacht in Anspruch genommen werden, wenn der Ehemann mit »i. A.« auch für seine Frau unterschrieben hat. Bei anfänglicher Unklarheit über den Vertragspartner wird als Auslegungshilfe zum Teil darauf abgestellt, wer die Architektenleistung später verwertet. Solche Zweifelsfragen können beispielsweise auftreten, wenn Eltern für ihre Kinder, die ein Haus bauen möchten, den Kontakt zu einem befreundeten Architekten hergestellt haben.

Planungsleistungen im Vorfeld eines Bauträger- oder Generalunternehmervertrags

Vorsicht ist vor allem immer dann geboten, wenn ein Bauträger, aber auch wenn ein Generalunternehmer mit einem Architekten erscheint, der eventuell Angestellter oder Geschäftsführer des Unternehmens ist und nicht gleichzeitig treuhänderischer Sachwalter des Bauherrn sein kann. Regelmäßig werden bereits Planungsleistungen erbracht, bevor der Bauträger (oder Generalunternehmer) beauftragt wird, und zwar in der Erwartung, dass später ein Bauträger- (oder Generalunternehmer-)vertrag abgeschlossen wird. Nimmt der zunächst interessierte Kunde von seinem Vorhaben dann aber doch Abstand, wird nicht selten »zur Strafe« eine Architektenrechnung übersandt. Hier liegt kein Architektenvertrag vor, denn bei Vorarbeiten von Unternehmern ist davon auszugehen, dass dem Bauherrn, der sich in aller Regel erst einmal über die zu erwartenden Kosten informieren will, erkennbar ein rechtlicher Bindungswille fehlt, solche Arbeiten zu vergüten.

Haben sich Ehepartner entschieden, gemeinsam einen Vertrag mit dem Architekten abzuschließen, dann erscheint der folgende Formulierungsvorschlag angemessen.

Formulierungsvorschlag
Zwischen den Eheleuten ...,
(ggf.) vertreten durch ...
und
dem Architekten/Architekturbüro/Planungsbüro ...
(ggf.) vertreten durch den Geschäftsführer .../den Architekten ...
wird folgender Architektenvertrag geschlossen:
...

Umfang der Beauftragung, stufenweise Beauftragung

Üblicherweise wird der Architekt vom Bauherrn mit sämtlichen erforderlichen Leistungen, also mit allen neun Leistungsphasen beauftragt. Es gibt allerdings Fälle, in denen ein Bauherr von seinem geplanten Bauvorhaben zurücktreten möchte oder muss, zum Beispiel aus beruflichen Gründen, weil unvorhergesehen Arbeitslosigkeit eintritt oder weil sich die familiäre Situation durch Krankheit oder Trennung verändert. Wenn er dann seinen Hausbau nicht realisieren und einen Architektenvertrag kündigen möchte, der sämtliche Leistungsphasen umfasst, können ihm erhebliche wirtschaftliche Nachteile entstehen (→ Seite 62). Dieses Risiko lässt sich vermindern, wenn der Architekt stufenweise beauftragt wird.

Ein Architekt wird es dagegen begrüßen, vom Bauherrn mit allen neun Leistungsphasen beauftragt zu werden. Der Wunsch einer stufenweisen Beauftragung von Seiten des Bauherrn kann also dazu führen, dass der Architekt sein Interesse an einem Vertragsabschluss verliert.

Starke Zersplitterung bei Einfamilienhausbau unpraktikabel

Eine stufenweise Beauftragung des Architekten ist in unterschiedlichen Staffelungen möglich. Eine starke Zersplitterung erscheint allerdings bei Einfamilienhäusern unpraktikabel, weil es sich um einfache Bauvorhaben handelt. Hier ist die Aufteilung in zwei Stufen möglich:

- Leistungsphasen 1 bis 4,
- Leistungsphasen 5 bis 9.

Beschränkung auf Vorplanungsvertrag

Um sich noch mehr abzusichern, kann der Bauherr auch zunächst nur einen Vorplanungsvertrag mit den Leistungsphasen 1 (Grundlagenermittlung) und 2 (Vorplanung) abschließen. Es muss dann aber im Einzelfall entschieden werden, ob bei einem solchen Auftrag bereits eine hinreichende Entscheidungsgrundlage geschaffen ist, dass das Bauvorhaben auch realisiert wird.

Grundsätzlich muss sich ein Bauherr bei einer lediglich stufenweisen Beauftragung des Architekten auch darüber im Klaren sein, dass nur in dem tatsächlich beauftragten Umfang ein Architektenvertrag zustande gekommen ist. Ebenso wie es dem Bauherrn freisteht, die weitere Beauftragung zu gestalten, hat der Architekt die Freiheit, weitere Auftragsstufen anzunehmen oder nicht. Der Bauherr sollte sich deshalb bei stufenweisem Vorgehen stets auch dahingehend absichern, dass der Architekt gegebenenfalls zu erteilende weitere Beauftragungsstufen auch annimmt. Auf der anderen Seite ist es nur fair, diese Übernahmeverpflichtung des Architekten zeitlich zu begrenzen. Andernfalls könnte er keine potenziell kollidierenden Verpflichtungen mit anderen Auftraggebern eingehen, ohne ein erhebliches Risiko auf sich zu nehmen, eventuell Schadenersatz leisten zu müssen.

Formulierungsvorschlag

Bei einem zweistufigen Auftrag könnte die Regelung im Architektenvertrag folgendermaßen lauten:

Der Bauherr beauftragt den Architekten mit Vertragsunterzeichnung mit sämtlichen für die Erteilung der Baugenehmigung und den vollständigen Abschluss des Baugenehmigungsverfahrens erforderlichen Architektenleistungen.

Neben der fest beauftragten Genehmigungsplanung hat der Bauherr das Recht, weitere Leistungen ganz oder teilweise zu beauftragen. Der Architekt ist verpflichtet, diese Leistungen auszuführen, sofern sie ihm binnen ... Wochen/Monaten nach Fertigstellung der vorausgegangenen Leistungen und der schriftlichen Mitteilung der Fertigstellung beziehungsweise ab Vorliegen der beantragten Baugenehmigung in Auftrag gegeben werden. Nach Ablauf von ... Monaten ab Vertragsunterzeichnung wird der Architekt von dieser Verpflichtung frei.

Ein Rechtsanspruch auf die Beauftragung weiterer Leistungen besteht nicht.

Aus einer stufenweisen Beauftragung kann der Architekt keine Honorarerhöhungsansprüche herleiten.

Für jede weitere Auftragsstufe gelten die Bestimmungen dieses Vertrags.

Aufgaben des Bauherrn (Mitwirkungspflichten, Weisungen, Abnahme)

Der Bauherr hat zum Beispiel an seinem Bauvorhaben mitzuwirken, wenn es um die Auswahl zwischen mehreren Entwürfen geht, wenn über die zu verwendenden Baustoffe entschieden werden muss, wenn Verträge mit

Fachingenieuren und ausführenden Firmen abzuschließen sind oder das Baugesuch unterzeichnet werden muss.

Abnahme der Architektenleistung durch den Bauherrn

Zu den Aufgaben des Bauherrn gehört auch die Abnahme, worunter die Hinnahme der geschuldeten Werkleistung des Architekten zu verstehen ist, die vom Bauherrn als vertragsgemäß gebilligt werden muss. Das setzt einerseits voraus, dass das Werk vollendet ist. Als vollendet gilt das Architektenwerk bereits dann, wenn es – seien es die Pläne oder die das Architektenwerk verkörpernden Bauwerke – bis auf kleinere Mängel oder unbedeutende Restarbeiten, die die Gebrauchsfähigkeit nicht mindern, fertig gestellt ist. Andererseits muss der Bauherr das Architektenwerk körperlich entgegennehmen. Das bedeutet, dass etwa die Pläne abzuliefern sind oder das Bauwerk übergeben werden muss. Eine körperliche Entgegennahme entfällt bei einer ausschließlich geistigen Architektenleistung; hier tritt an die Stelle der Abnahme immer nur die Vollendung.

Umfasst der Architektenauftrag außer der Planung und Überwachung der Bauarbeiten auch die Leistungen, Rechnungen zu prüfen, Herstellungskosten oder auch Baumängel festzustellen sowie Nachbesserungsarbeiten zu leiten und zu überwachen, so gehört auch die Beendigung dieser Tätigkeiten zur Vollendung der Werkleistung. Erst damit kann eine Abnahme erfolgen. Ist das gesamte Leistungsbild des § 15 HOAI übertragen, so kommt eine Vollendung des Werkes und damit eine Abnahme der Architektenleistung erst in Betracht, wenn die Gewährleistungsfristen der ausführenden Unternehmer abgelaufen sind.

Mögliche Formen der Abnahme

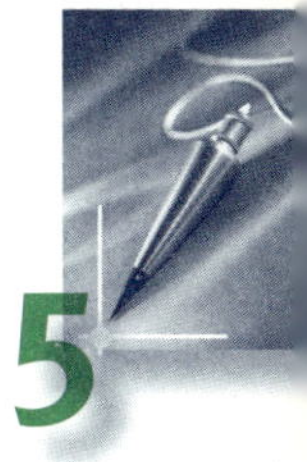

Dem Gesetz nach bedarf die Abnahme keiner bestimmten Form. Sie kann schriftlich, mündlich oder durch schlüssiges Verhalten erfolgen. Eine förmliche Abnahme kann auch beim Architektenvertrag vereinbart werden.

Wenn eine förmliche Abnahme vergessen wird oder eine vertragliche Absprache fehlt, ist eine Abnahme immer dann gegeben, wenn der Auftraggeber durch seine sonstigen mündlichen oder schriftlichen Mitteilungen oder durch schlüssiges Verhalten eindeutig zu erkennen gibt, dass er die Architektenleistung als vertragsgemäß billigt. Das kann etwa aus der Zahlung des Honorars zu folgern sein.

Formulierungsvorschlag

Der Bauherr fördert die Planung und Durchführung der Baumaßnahme, insbesondere wird er über alle anstehenden Fragen auf berechtigtes Verlangen des Architekten unverzüglich entscheiden.

Die notwendigen Sonderfachleute werden nach Beratung durch den Architekten vom Bauherrn beauftragt. Er beauftragt zunächst folgende Sonderfachleute für …

Weisungen an die am Bau Beteiligten soll der Bauherr im Interesse eines reibungslosen Bauablaufs nur nach Rücksprache mit dem Architekten erteilen.

Der Bauherr übergibt dem Architekten Kopien sämtlicher das Bauvorhaben betreffender Rechnungen, soweit diese für die Vertragserfüllung oder die Erstellung der Honorarschlussrechnung benötigt werden.

Vom Architekten gefertigte Pläne dürfen nur für das Bauvorhaben verwendet werden, das Gegenstand dieses Vertrags ist.

Wirtschaftliche Pflichten (Baukostenlimit)

Kostensicherheit im Interesse des Architekten und des Bauherrn

In erster Linie hat sicher der Bauherr ein Interesse daran, im Hinblick auf die Bausumme Kostensicherheit zu erreichen. Aber auch dem Architekten ist daran gelegen, Verträge so abzuschließen, dass der Bauherr von den auf ihn zukommenden Baukosten nicht am Ende negativ überrascht wird. Ohne diese Kostensicherheit besteht für den Architekten zum einen die Gefahr, dass der Bauherr den Architekten gar nicht beauftragt, sondern stattdessen auf einen Bauträger zurückgreift, der das Gebäude zum Pauschalpreis errichtet. Zum anderen stellen sich Architekten bei Bausummenüberschreitungen immer erhebliche Probleme, ihre Honoraransprüche durchzusetzen.

Eine relative Kostensicherheit für den Bauherrn und den Architekten wird in Architektenverträgen nur durch eine spezielle Vertragsgestaltung ermöglicht. Hierbei muss für den Bauherrn transparent gemacht werden, dass dem Architekten nicht der Anreiz gegeben ist, durch höhere Baukosten, also eine Baukostenüberschreitung, ein höheres Honorar zu verursachen. Das kann mit folgenden vertraglichen Regelungen erreicht werden:

- Vereinbarung einer schriftlich fixierten Kostengrenze als Beschaffenheitsvereinbarung;
- Vereinbarung eines verbindlichen Termins oder einer Frist für die Vorlage einer Kostenermittlung vor Beginn des Bauvorhabens;
- Vereinbarung eines Kündigungsrechts des Bauherrn aus wichtigem Grund, wenn eine nicht zu behebende Kostenüberschreitung eintritt.

Mit einer solchen Vertragsgestaltung kann der Architekt auch den Bauherrn leichter überzeugen, einen Vertrag mit ihm abzuschließen, und möglicherweise auch ein etwas höheres Honorar vereinbaren. Wenn der Architekt eine vertragliche Grundlage schafft, die auch Sanktionen gegen ihn im Fall einer Bausummenüberschreitung umfasst, wird der Bauherr eher zum Vertragsabschluss bereit sein. Im folgenden Formulierungsvorschlag sind alle vom Architekten unmittelbar oder mittelbar zu beeinflussenden Kostenbestandteile erfasst.

Formulierungsvorschlag

Der Architekt ist verpflichtet, seine Planung so auszurichten, dass das Objekt mit ca. ... m³ umbautem Raum und ca. ... m² Nettonutzfläche für insgesamt ... € inklusive Umsatzsteuer errichtet werden kann.

Diese Summe umfasst alle im Zusammenhang mit den folgenden Leistungen stehenden Kosten:

- *das Herrichten des Grundstücks mit Ausnahme der Altlastenbeseitigung und nicht abzusehenden Besonderheiten des Baugrunds;*
- *die nichtöffentliche Erschließung;*
- *das Bauwerk (Baukonstruktion) einschließlich Baugrube, Gründung, Außenwänden, Innenwänden, Decken, Dächer, baukonstruktiver Einbauten sowie sonstiger Maßnahmen für die Baukonstruktion;*
- *das Bauwerk (technische Anlagen) einschließlich aller im Bauwerk eingebauten, daran angeschlossenen und damit fest verbundenen technischen Anlagen oder Anlagenteilen;*
- *die Außenanlagen;*
- *Honorare für Architekten- und Ingenieurleistungen.*

Nicht einbezogen sind Kosten durch Insolvenzen, Tariferhöhungen, Sonderwünsche etc. Die genannte Bausumme stellt den Baukostenrahmen dar, den der Architekt verbindlich einzuhalten hat.

Bauzeit und Bauzeitverlängerung

Bei den Vertragsverhandlungen wird von vielen Architekten eine Regelung für den Fall vorgeschlagen, dass sich die erwartete Bauzeit verlängert oder die Baumaßnahme unterbrochen wird. Für den hier relevanten Bereich des privaten Hausbaus sind solche Vereinbarungen in der Regel überflüssig. Denn zum einen liegen die Bauzeiten im hier interessierenden Rahmen in der Regel bei etwa einem halben Jahr, sodass eine nicht vorherzusehende Inanspruchnahme des Architekten kaum zu befürchten ist. Zum anderen gibt es nach der Rechtsprechung keinen Anspruch auf eine solche Vergütungserhöhung.

Gesetzlicher Schadenersatzanspruch für Architekt

Sollte im Einzelfall der Bauablauf beeinträchtigt werden, weil der Bauherr notwendige Mitwirkungshandlungen unterlässt, verbleiben dem Architekten die allgemeinen Möglichkeiten, den Bauherrn in Verzug zu setzen und einen eingetretenen Schaden ersetzt zu verlangen. Eine Regelung zur Bauzeitverlängerung im Architektenvertrag ist daher in der Regel überflüssig.

Allgemeine Pflichten des Architekten (Einschaltung von Dritten, Verbot einer Vorteilsannahme etc.)

Regelungen zum Verhältnis von Architekt und Bauherr

Der Architektenvertrag begründet nicht nur die Hauptpflichten von Auftragnehmer und Auftraggeber, sondern auch Nebenpflichten. Diese regeln allgemein das Verhältnis der beiden Vertragspartner. Im Vordergrund stehen dabei Leitlinien, die aber auch konkrete Handlungspflichten enthalten oder zur Folge haben.

Formulierungsvorschlag

Der Architekt hat den Bauherrn über die Notwendigkeit des Einsatzes von Sonderfachleuten zu beraten und die von diesen erbrachten Leistungen fachlich und zeitlich zu koordinieren, mit seinen Leistungen abzustimmen und in diese einzuarbeiten.

Der Architekt hat gegenüber dem Bauherrn eine umfassende Unterrichtungspflicht. Insbesondere ist der Architekt verpflichtet, bei Erkennen der Überschreitung der ermittelten Baukosten den Bauherrn unverzüglich zu unterrichten.

Der Architekt darf als unabhängiger Sachwalter des Bauherrn keine Unternehmer- oder Lieferanteninteressen vertreten. Insbesondere ist es ihm untersagt, Vorteile von Dritten zu fordern oder anzunehmen. Über ein entsprechendes Angebot Dritter ist der Bauherr unverzüglich zu informieren.

Der Architekt hat die ihm übertragenen Leistungen selbst in seinem Büro mit eigenen angestellten Mitarbeitern zu erbringen. Nur mit vorheriger schriftlicher Zustimmung des Bauherrn ist eine Übertragung von Leistungen auf Subunternehmer oder freie Mitarbeiter zulässig.

Vergütung (Auftragsumfang, anrechenbare Kosten, Nebenkosten, Abschlagszahlung)

Die Grundlagen des Honoraranspruchs sind bereits dargestellt worden: Im Wesentlichen richtet sich das Honorar des Architekten nach den anrechenbaren Kosten des Objekts, der Honorarzone, dem Honorarsatz und natürlich dem Auftragsumfang (→ Seite 46). Diese Parameter sollten deshalb vertraglich geregelt werden. Der

Formulierungsvorschlag geht dabei von der so genannten Vollarchitektur, also der Beauftragung mit allen Leistungsphasen aus. Im Einzelfall kann es auch notwendig werden, den Architekten mit Besonderen Leistungen, etwa der Bauvoranfrage, zu betrauen. Solche Leistungen müssen gesondert bezahlt werden nach Maßgabe einer speziellen Honorarvereinbarung. Für die Bauvoranfrage wird in der Regel eine Pauschale angesetzt.

Umbau: Handelt es sich bei der vom Architekten zu betreuenden Baumaßnahme um einen Umbau, muss bei der Kalkulation der anrechenbaren Kosten die vorhandene Bausubstanz, die technisch oder gestalterisch mitverarbeitet worden ist, angemessen berücksichtigt werden. In welchem Umfang das geschieht, bedarf der schriftlichen Vereinbarung. Das Schriftformerfordernis stellt aber keine Anspruchsvoraussetzung dar.

Methoden zur Berechnung der vorhandenen Bausubstanz

Zur Anrechnung der vorhandenen Bausubstanz gibt es zwei gängige Methoden: die »Kubikmetermethode« und die »Elementmethode«. Bei der Kubikmetermethode wird der Bruttorauminhalt des Gebäudes (»umbauter Raum«) mit einem Kostenkennwert (»Einheitspreis«) multipliziert. Um zu angemessenen anrechenbaren Kosten zu gelangen, werden die so ermittelten Kosten um einen Betrag gemindert, der sich aus dem durch Abbruch entfallenden Teil der Bausubstanz, deren technischen Mängeln und dem Umfang der Leistungen des Auftraggebers hinsichtlich der vorhandenen Bausubstanz zusammensetzt. Bei der Elementmethode werden zunächst die jeweiligen Bestandteile eines Gebäudes ermittelt, die technisch oder gestalterisch mitverarbeitet werden, zum Beispiel Außenwände, Innenwände, Decken, Dachflächen. Der Wert der verwendeten Bausubstanz ergibt sich sodann aus der Summe der Einzelwerte. Ob bei beiden Methoden noch ein Alters-

abschlag von dem ermittelten Neuwert vorgenommen werden muss, ist umstritten, aber wohl zu bejahen.

Festlegung eines Gesamtbetrags oder einer Berechnungsmethode

Eine dieser Methoden muss auf das konkrete Bauvorhaben angewendet werden, das Ergebnis ist schriftlich festzuhalten. Dabei hat die Einigung auf eine feste Summe den Vorteil, dass so einfacher gerechnet werden kann. Nachteilig wirkt sich hier aus, dass sich in vielen Fällen die Summe der anrechenbaren Kosten aus vorhandener Bausubstanz dann ändern muss, wenn sie in anderem Umfang weiterverarbeitet werden soll als ursprünglich angenommen. Die Festlegung nur auf einen bestimmten Berechnungsmodus hat den Vorteil, dass sich ein geänderter Umfang der mitverarbeiteten Bausubstanz entsprechend niederschlägt. Da der anrechenbare Gesamtbetrag in diesem Fall aber bei Vertragsabschluss noch nicht bekannt ist, bleibt diese Regelungsvariante wenig transparent.

Leistung des Architekten ist zu berücksichtigen

Der BGH hat in seinem Urteil vom 27. Februar 2003 (Az. VII ZR 11/02) den Aspekt der Leistung des Architekten bei der Mitverarbeitung vorhandener Bausubstanz betont (→ Seite 104). Hat der Architekt bei den Grundleistungen einzelner Leistungsphasen vorhandene Bausubstanz nicht technisch oder gestalterisch mitverarbeitet, dann ist es auch nicht angemessen, diese bei den anrechenbaren Kosten zu berücksichtigen. Die Honorarregelung im Architektenvertrag sollte daher, um Streitigkeiten zu vermeiden, auch klarstellen, in welchen Leistungsphasen eine technische oder gestalterische Mitverarbeitung der Bausubstanz erfolgt. Das Formulierungsbeispiel geht dabei von einer durchgängigen Anrechnung aus. Es ist aber auch denkbar, dass eine Berücksichtigung nur in der Planungsphase erfolgt.

Honorierung nicht eindeutig geregelt

Änderungsleistungen sind im Lauf eines Planungsprozesses kaum zu vermeiden, doch die HOAI kennt diesen

Begriff nicht. In der Rechtsprechung und juristischen Literatur ist daher umstritten, wie Änderungs- oder Mehrfachleistungen zu honorieren sind. Manche Gerichte sehen darin eine Wiederholung von Grundleistungen, andere eine Besondere Leistung nach § 5 Absatz 4 HOAI. Folgt man der letzten Meinung, bekäme der Architekt Änderungsleistungen nur dann bezahlt, wenn hierfür eine Vergütung schriftlich vereinbart worden ist. Dies erscheint nicht interessengerecht, wenn vom Architekten nicht zu vertretende Korrekturen an der Planung die Geringfügigkeitsschwelle überschreiten.

Weil die rechtliche Beurteilung unklar ist, sollte eine ausdrückliche Regelung erfolgen. Dabei ist es ratsam, den Zeitaufwand bis zur Geringfügigkeitsgrenze festzulegen. Denkbar ist aber auch, den Zeitaufwand für die zu ändernde Planung prozentual zum ursprünglichen Planungsaufwand zu honorieren.

Im Vertrag sollte auch klargestellt werden, dass Optimierungen abgeschlossener Planungsteile von einer solchen Vergütungspflicht ausgenommen sind.

Pauschalregelung empfehlenswert

Nebenkosten: Zusätzlich zu seinem Honoraranspruch kann der Architekt auch die Erstattung von Nebenkosten verlangen. Dabei handelt es sich zumeist um Aufwendungen für Kopien oder Post- und Fernmeldegebühren. Nach § 7 HOAI findet eine Erstattung nur auf Nachweis statt. Bei kleineren Bauvorhaben sind solche Nebenkosten gut zu überschauen. Es bietet sich deshalb eine Pauschalierung an, um unnötigen Arbeitsaufwand zu vermeiden. Je nach der Größe des Bauvorhabens sind Pauschalen zwischen fünf und acht Prozent des Nettohonorars üblich und angemessen. Der Regelungsvorschlag geht von fünf Prozent aus. Es ist jedoch darauf zu achten, dass die Pauschale schriftlich und bei Auftragserteilung vereinbart

werden muss. Möglich wäre auch eine Teilpauschalierung in der Weise, dass nur die Post- und Fernmeldegebühren pauschal erstattet werden, während die übrigen Nebenkosten im Einzelnen nachgewiesen werden müssen.

Prüffähige Rechnung Voraussetzung für Zahlungsanspruch

Abschlagszahlungen: Der Bauherr ist während des Bauvorhabens auch verpflichtet, Abschlagszahlungen zu leisten. Eine entsprechende Vereinbarung ist nicht nötig. Dies ergibt sich aus § 8 HOAI. Der Vollständigkeit halber sollte dies im Vertrag dennoch festgehalten werden, denn aus der Vorschrift der HOAI ergibt sich nicht unmittelbar, dass eine prüffähige Abschlagsrechnung Voraussetzung für den Anspruch des Architekten ist.

Skonto und Sicherheitseinbehalt nicht üblich

Rechtlich möglich wäre auch, Skontoregelungen oder Sicherheitseinbehalte in den Vertrag aufzunehmen. Beides ist bei Architektenverträgen allerdings nicht üblich. Der folgende Vergütungsvorschlag sollte den Interessen beider Parteien gerecht werden.

Formulierungsvorschlag

Die Parteien vereinbaren folgende Honorarermittlungsgrundlagen:

- *Honorarzone, der das Objekt angehört: Zone III (Regelfall)*
- *Honorarsatz: Mindestsatz, Mittelsatz oder Höchstsatz*

Die dem Architekten übertragenen Leistungen werden auf der Grundlage des § 15 HOAI wie folgt vergütet:

Leistungsphase 1:	*Grundlagenermittlung*	*3 %*
Leistungsphase 2:	*Vorplanung*	*7 %*
Leistungsphase 3:	*Entwurfsplanung*	*11 %*
Leistungsphase 4:	*Genehmigungsplanung*	*6 %*
Leistungsphase 5:	*Ausführungsplanung*	*25 %*
Leistungsphase 6:	*Vorbereitung der Vergabe*	*10 %*
Leistungsphase 7:	*Mitwirkung bei der Vergabe*	*4 %*
Leistungsphase 8:	*Objektüberwachung*	*31 %*
Leistungsphase 9:	*Objektbetreuung und Dokumentation*	*3 %*
		100 %
(Gegebenenfalls:)	*Zuschlag für Umbau und Modernisierung*	*20 %*
		(Rahmen: 20–33 %)

Der Bauherr beauftragt den Architekten mit den folgenden Besonderen Leistungen: ... (zum Beispiel Bauvoranfrage). Hierfür vereinbaren die Parteien ein Honorar in Höhe von ...

Werden nach Vertragsabschluss Besondere Leistungen erforderlich und/oder übertragen, so ist über deren Honorierung eine schriftliche Vereinbarung zu treffen.

Änderungsleistungen werden zusätzlich vergütet. Eine Änderungsleistung liegt vor, wenn eine Planung teilweise oder vollständig abgeschlossen ist, die Änderung vom Bauherrn gefordert wird und mit der Änderung ein wesentlicher Arbeits- und Zeitaufwand verbunden ist. Ein solcher wesentlicher Arbeits- und Zeitaufwand ist dann anzunehmen, wenn für diese Leistungen mehr als ... Stunden aufgewendet werden. Derartige Änderungsleistungen stellen Wiederholungen von Grundleis-

tungen dar und sind nach den Abrechnungsgrundsätzen der HOAI für die Honorierung von Grundleistungen zu vergüten. Optimierungsleistungen sind keine vergütungspflichtigen Änderungsleistungen.

(Gegebenenfalls:)
Die anrechenbaren Kosten der technisch oder gestalterisch mitzuverarbeitenden Bausubstanz werden mit folgendem Wert als angemessen vereinbart: ... Kann bei Vertragsschluss eine schriftliche Vereinbarung nicht getroffen werden, ist der Bauherr verpflichtet, auf Verlangen des Architekten eine schriftliche Vereinbarung nachzuholen. Ändert sich der Umfang der anzurechnenden Bausubstanz, so ist der angenommene Wert entsprechend anzupassen. Die vorhandene Bausubstanz ist bei allen dem Architekten übertragenen Leistungsphasen mit anzusetzen.
Die Nebenkosten werden pauschal berechnet mit fünf Prozent des Nettohonorars.

Die Umsatzsteuer zu den Honoraren und Nebenkosten wird gesondert in Rechnung gestellt.

Der Bauherr ist nach jeweiliger Vorlage einer prüffähigen Abschlagsrechnung in angemessenen zeitlichen Abständen zu Abschlagszahlungen verpflichtet, die dem jeweils nachgewiesenen Leistungsstand entsprechen.

Gewährleistung, Haftung

Objektbetreuung im Interesse des Bauherrn

Hat sich der Architekt in einem Architektenvertrag auch zur Objektbetreuung (Leistungsphase 9 des § 15 HOAI) verpflichtet, so beginnt die Verjährungsfrist der Mängelansprüche für sämtliche Leistungsphasen erst nach Abschluss und Abnahme der Objektbetreuung. Die Objektbetreuung endet erst dann, wenn sämtliche Mängelanspruchsfristen für die Leistungen der Handwerker abgelaufen sind. Dass der Architekt die Objektbetreuung übernimmt, liegt überwiegend im Interesse des Bauherrn. Wesentliches Kennzeichen dieser Leistungsphase ist nämlich, dass der Architekt vor Ablauf der Gewährleistungsfrist des Bauunternehmers eine nochmalige Begehung des Objekts vornehmen muss, um eventuelle Mängel festzustellen, und dass er bei vorliegenden Mängeln dem Bauherrn mit Rat und Tat bei der Beurteilung der Ursachen behilflich ist. Immerhin trägt der Bauherr nach der Abnahme der Bauleistung im Rahmen der Leistungsphase 8 (Bauüberwachung) die Beweislast, ob der festgestellte Mangel herstellungsbedingt oder möglicherweise wegen fehlerhafter Nutzung entstanden ist. Der Architekt als Fachmann kann maßgeblich helfen, diese Frage zu klären.

Anders sieht es aus, wenn der Architekt die Objektbetreuung nicht übernimmt. Abgesehen davon, ob der Mangel vom Bauherrn überhaupt rechtzeitig erkannt wird, steht er ohne fachlichen Rat da, wenn Mängelansprüche verfolgt werden sollen. Da hilft es auch nicht, den Architekten gesamtschuldnerisch wegen eines Bauüberwachungsfehlers in Anspruch zu nehmen. Erfahrungsgemäß wird sich der Beitrag des Architekten in einem solchen Fall darauf beschränken, seine Inanspruchnahme abzuwehren, ohne dabei den Bauherrn darin zu unterstützen, berechtigte Ansprüche durchzusetzen.

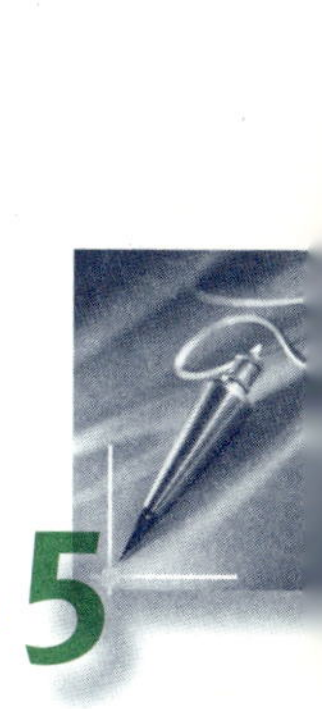

Teilabnahme nach Leistungsphase 8

Ein sachlich berechtigter Interessenausgleich zwischen den Vertragsparteien kann dadurch erreicht werden, dass dem Architekten bei Abschluss der Leistungsphase 8 ein Anspruch auf Teilabnahme der zu diesem Zeitpunkt erbrachten Architektenleistungen eingeräumt wird. Für diesbezügliche Mängelansprüche beginnt dann bereits die Verjährungsfrist zu laufen. Um diesen Stichtag für beide Parteien eindeutig festzulegen, sollte die Teilabnahme förmlich erfolgen. Eine vertragliche Regelung könnte wie folgt lauten.

Formulierungsvorschlag

Die bis zur Leistungsphase 8 erbrachten Leistungen sind auf Verlangen des Architekten nach vollständiger Erbringung aller zu dieser Phase gehörenden Leistungen abzunehmen. Die Abnahme erfolgt durch schriftliches Abnahmeprotokoll des Architekten, sofern diesem nicht binnen drei Wochen ab Zugang widersprochen wird.

Vom Tag der Teilabnahme an beginnt die Verjährung der Mängelansprüche zu laufen.

Nach Durchführung der Teilabnahme ist der Architekt berechtigt, Teilschlussrechnung zu stellen und Teilschlusszahlung zu verlangen.

Dies gilt im Fall einer stufenweisen Beauftragung für jede Beauftragungsstufe entsprechend.

Aufbewahrungspflichten

Welche Pflichten der Architekt gegenüber dem Bauherrn hat, Unterlagen aufzubewahren, hängt unmittelbar damit zusammen, welche Herausgabeansprüche dem Bauherrn gegenüber dem Architekten zustehen. Dabei ist grundsätzlich zu unterscheiden zwischen Unterlagen, die im

Eigentum des Bauherrn, und solchen, die im Eigentum des Architekten stehen.

Unterlagen im Eigentum des Architekten

Im Eigentum des Architekten verbleiben Originalpläne, Bestandszeichnungen und Berechnungen, soweit sie vom Architekten gefertigt wurden, sowie der Schriftverkehr zwischen Architekt und Bauherr und selbstverständlich auch ein Exemplar des Architektenvertrags. Von diesen Unterlagen kann der Auftraggeber auf der Grundlage des Architektenvertrags lediglich die Herausgabe von Ausfertigungen, Pausen und Fotokopien verlangen.

Unterlagen im Eigentum des Bauherrn

Zu den Unterlagen im Eigentum des Bauherrn gehören hingegen Bauverträge, Leistungsverzeichnisse, Baugenehmigungen, Lage- und Höhenpläne, Berechnungen und Gutachten, die im Namen des Bauherrn von Dritten angefordert wurden, sowie Grundbuchauszüge. Die Verjährungsfrist für den auf das Eigentum des Bauherrn begründeten Herausgabeanspruch beträgt 30 Jahre. So lang dauert folglich grundsätzlich auch die entsprechende Aufbewahrungsfrist. Es ist jedoch üblich und zulässig, dass der Architekt nach zehn Jahren dem Bauherrn die Herausgabe der Unterlagen anbietet. Wenn der Bauherr dies ablehnt, kann er sich danach nicht mehr auf die 30jährige Frist berufen.

Um derart lang andauernde Aufbewahrungspflichten zu vermeiden, verlangen viele Architekten eine vertragliche Regelung. Ein berechtigtes Anliegen. Dabei sollte jedoch die folgende, keineswegs seltene Konfliktsituation bedacht werden: Wird der Architektenvertrag gekündigt, verlangt der Bauherr die Herausgabe der Unterlagen. Der Architekt macht diese jedoch vom Ausgleich noch offener, vielleicht umstrittener Honorarforderungen abhängig, etwa weil streitig ist, ob zu Recht aus wichtigem Grund gekündigt wurde.

Zurückbehaltungsrecht des Architekten nur unter Bedingungen

Eine für beide Seiten akzeptable Lösung könnte wie folgt aussehen. Sie gesteht dem Architekten ein Zurückbehaltungsrecht nur unter der Bedingung zu, dass der Bauherr keine Sicherheitsleistung durch Bürgschaft erbringt. Auf diese Weise muss der Architekt nicht auf ein Druckmittel verzichten und das Risiko tragen, dass eine noch offene Honorarforderung ausfällt, weil der Bauherr inzwischen zahlungsunfähig geworden ist.

Formulierungsvorschlag

Nach Beendigung oder gegebenenfalls Teilabnahme der Leistungen des Architekten und nach Ausgleich fälliger Honoraransprüche kann der Bauherr verlangen, dass ihm die genehmigten Bauvorlagen, Pausen oder Originalzeichnungen und sonstigen Unterlagen ausgehändigt werden.

Der Architekt ist nicht verpflichtet, die Bauunterlagen länger als zehn Jahre nach Abnahme der letzten von ihm erbrachten Leistungen aufzubewahren.

Der Architekt verpflichtet sich, die Unterlagen vor deren Vernichtung dem Bauherrn anzubieten.

Ein Zurückbehaltungsrecht darf der Architekt nur geltend machen, wenn er zuvor dem Bauherrn Gelegenheit gegeben hat, das Zurückbehaltungsrecht durch Sicherheitsleistung abzuwenden. Die Sicherheitsleistung erfolgt durch Bürgschaft einer deutschen Bank oder Sparkasse.

Vertretungsbefugnis

Mögliche Regelungen, in welchem Umfang der Architekt stellvertretend für seinen Bauherrn Entscheidungen treffen darf, bewegen sich zwischen den beiden Polen, dass jegliche Vertretungsbefugnis ausgeschlossen ist beziehungsweise dass eine das ganze Vertragsverhältnis mit allen Rechten und Pflichten umfassende Generalvollmacht erteilt wird. Jegliche Vertretung auszuschließen, kann für einen Auftraggeber in Betracht kommen, der als Bauherr eines kleineren Bauvorhabens alle wirtschaftlich relevanten Entscheidungen selbst treffen will. Auf der anderen Seite sollte berücksichtigt werden, dass der private Bauherr nur selten die Möglichkeit haben wird, sich einen wesentlichen Teil der Zeit mit dem Bauvorhaben zu beschäftigen. Dies gilt auf jeden Fall für Neubauten; bei Umbauten oder Sanierungen vor allem beim selbst genutzten Haus mag dies anders sein.

Begrenzung der Vertretungsbefugnis immer mit Interpretationsspielräumen

Architekt und Bauherr sollten daher gemeinsam nach einer zweckmäßigen Lösung suchen. Denkbar wäre auch die Vereinbarung bestimmter Grenzen der Vertretungsbefugnis: die Beschränkung auf »erforderliche Maßnahmen«, eine Entscheidungsbefugnis, die nur bei »Gefahr im Verzug« eingeräumt wird, oder auch die Begrenzung auf eine bestimmte Auftragssumme. Berücksichtigt werden sollten immer die Umstände des Einzelfalls, denn, abstrakt gesehen, haben alle Varianten bestimmte Schwächen: Welche Maßnahmen sind »erforderlich«? War »Gefahr im Verzug« oder hätte die Entscheidung des Bauherrn kurzfristig herbeigeführt werden können? Wie teuer werden die Zusatzarbeiten schätzungsweise werden? Spielräume bei der Beurteilung werden sich nie vermeiden lassen, was es aber nicht entbehrlich macht, Grundsätze festzulegen. Eine vorsichtige Regelung könnte wie folgt lauten.

Formulierungsvorschlag

Der Architekt ist ermächtigt, im Rahmen der vom Bauherrn abgeschlossenen Bauverträge für den Bauherrn das vertragliche Weisungsrecht auszuüben und für den Bauherrn die folgenden einseitigen Erklärungen abzugeben bzw. entgegenzunehmen: Mitteilungen, Anzeigen, Aufforderungen, Vorbehalte, Mahnungen, Fristsetzungen und Rügen.

Diese Vertretungsmacht umfasst nicht die Abgabe einseitiger rechtsgeschäftlicher Erklärungen, wie insbesondere die rechtsgeschäftliche Abnahme, die Vertragskündigung, die Abgabe von Anerkenntnissen sowie den Abschluss von Verträgen jeglicher Art.

Urheberrecht

Wichtig bei späteren An- oder Umbauten

Aus Sicht des Bauherrn ist es wichtig, ob von ihm nachträglich die Planungsleistung des Architekten einseitig verändert werden darf. So kann es später für den Bauherrn wirtschaftlich sinnvoll sein, zum Beispiel die Dachkonstruktion zu ändern. Hier stellt sich die Frage, ob die Architektenplanung durch das Urheberrecht geschützt ist.

Das kann in der Tat der Fall sein, denn Wohngebäude einschließlich der Planung können zu den geschützten Werken der Baukunst nach dem Urheberrechtsgesetz gehören, sofern sie eine persönliche geistige Schöpfung, das heißt eine individuelle geistige Leistung darstellen. Beim Bau oder Umbau von Ein- und Zweifamilienhäusern ist das allerdings nicht der Normalfall. Um Probleme zu vermeiden, ist dem Bauherrn unabhängig davon anzuraten, bei Änderungen eines Hauses, zum Beispiel durch Anbau oder

Aufstockung, den Architekten zu befragen. Dem trägt die folgende vorgeschlagene Formulierung Rechnung.

Formulierungsvorschlag

Soweit der Architekt nicht nur mit der Vorplanung und Entwurfsplanung beauftragt ist, ist der Bauherr berechtigt, die vom Architekten gelieferten Unterlagen für die im Vertrag genannte Baumaßnahme ohne Mitwirkung des Architekten zu nutzen oder zu ändern. Dasselbe gilt auch für das ausgeführte Werk. Eine besondere Vergütung wird hierfür nicht geschuldet.

Ist der Bauherr zur Nutzung der urheberrechtlich geschützten Leistung des Architekten berechtigt, so darf er im Fall der Beendigung der Leistungen des Architekten vor Fertigstellung des Bauvorhabens die Planung zu dessen Fertigstellung auch ohne Mitwirkung des Architekten nutzen. Der Bauherr ist zu Planungsänderungen berechtigt, wenn bei einer in Einzelfall vorzunehmenden Interessenabwägung die Belange des Urhebers an seiner urheberrechtlich geschützten Planung hinter schutzwürdigen Interessen des Bauherrn zurücktreten und eine Entstellung des Werkes oder eine andere Beeinträchtigung im Sinne des § 14 UrhG nicht zu besorgen ist.

Der Bauherr ist, soweit zumutbar, verpflichtet, den Architekten vor wesentlichen Planungsänderungen anzuhören und dessen Anregungen möglichst zu berücksichtigen, soweit ihnen nicht nach Auffassung des Bauherrn wirtschaftlich, funktionell oder konstruktiv Bedenken entgegenstehen. Ein besonderes Honorar wird aufgrund der Mitwirkung des Architekten nicht geschuldet.

Vorstehendes gilt entsprechend nach der Fertigstellung des Bauvorhabens.

Der Architekt ist berechtigt – auch nach Beendigung dieses Vertrags – das Bauwerk oder die bauliche Anlage in Abstimmung mit dem Bauherrn zu betreten, um fotografische oder sonstige Aufnahmen zu fertigen. Dem Architekten steht das Recht zu, auf den Planungsunterlagen, am Bauwerk oder an baulichen Anlagen namentlich genannt zu werden.

Der Bauherr ist zur Veröffentlichung des vom Architekten geplanten Bauwerks nur unter Namensangabe des Architekten berechtigt.

Versicherung

Ausreichender Versicherungsschutz für Architekt verpflichtend

Die zur Führung der Berufsbezeichnung Architekt berechtigten Planer sind Mitglieder der jeweiligen Architektenkammer und damit an Standesrecht gebunden. In Nordrhein-Westfalen zum Beispiel sind Architekten nach § 22 des nordrhein-westfälischen Baukammerngesetzes verpflichtet, sich ausreichend gegen Haftpflichtansprüche zu versichern. Ebenso ist hier der Architekt verpflichtet, seinem Auftraggeber Auskunft über eine bestehende Berufshaftpflichtversicherung zu erteilen, insbesondere diese namentlich zu benennen.

Kein direkter Anspruch des Bauherrn gegen Versicherung

Der Bauherr hat allerdings – im Gegensatz zum Straßenverkehrsrecht – keinen Direktanspruch gegen die Haftpflichtversicherung. Er kann nur den internen Freistellungsanspruch des Architekten gegen die Versicherung pfänden und auf sich überleiten lassen. Auch ist aus der Sicht des Bauherrn zu bemängeln, dass er nur sehr schwer feststellen kann, welche Schäden denn tatsächlich von der Berufshaftpflichtversicherung des Architekten abgedeckt sind. Der Bauherr sollte deshalb eine entsprechende Aufklärung durch die Versicherung verlangen und sich zumindest einen Versicherungsschein vorlegen lassen.

Fortbestehen des Versicherungsschutzes nachweisen lassen

Im Übrigen sollte er Zahlungen an den Architekten davon abhängig machen, dass das Fortbestehen des Versicherungsschutzes nachgewiesen wird. Sofern der Architekt den vereinbarten Versicherungsschutz oder dessen Aufrechterhaltung trotz Fristsetzung nicht nachweist, sollte sich der Bauherr schließlich das Recht zur außerordentlichen Kündigung des Vertrags vorbehalten. Berechtigte Interessen des Architekten stehen dem folgenden Formulierungsvorschlag nicht entgegen.

Formulierungsvorschlag

Der Architekt ist verpflichtet, eine Berufshaftpflichtversicherung abzuschließen und sie für die Dauer des Vertrags aufrechtzuerhalten. Der Abschluss ist durch Vorlage der Versicherungspolice und einer aktuellen schriftlichen Bestätigung der Versicherung nachzuweisen.

Die Deckungssummen dieser Versicherungen betragen mindestens pro Verstoß für Personenschäden ... €, für sonstige Schäden ... €. Der Versicherungsschutz muss alle Schäden, auch mittelbare und Drittschäden sowie Vor- und Spätschäden, umfassen.

Wenn und soweit der Versicherungsschutz in der vereinbarten Höhe nicht mehr besteht, ist der Architekt zur unverzüglichen schriftlichen Anzeige verpflichtet. Gleiches gilt für einen Wechsel der Berufshaftpflichtversicherung.

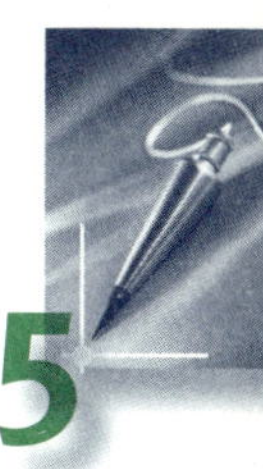

Der Bauherr kann Zahlungen vom Nachweis des Fortbestehens des Versicherungsschutzes abhängig machen.

Sofern der Architekt den vereinbarten Versicherungsschutz oder dessen Aufrechterhaltung trotz Nachfristsetzung nicht nachweist, ist der Bauherr zur Kündigung des Vertrags aus wichtigem Grund berechtigt.

Die Haftung des Architekten besteht unabhängig vom Bestehen des Versicherungsschutzes.

Kündigung

Die gesetzlichen Vorschriften zur Kündigung von Werkverträgen sind für Architektenverträge ausreichend und angemessen. Sie bedürfen keiner besonderen Ergänzung im Architektenvertrag, außer unter Umständen der Regelung einer Vergütungspauschale im Fall der so genannten freien Kündigung ohne besonderen Kündigungsgrund. Allerdings dürfte es kaum möglich sein, eine solche Pauschale bereits bei Vertragsschluss zu beziffern, da die Vertragspartner nur auf allgemeine Erfahrungssätze und Wünsche Bezug nehmen könnten. Die Anforderungen des konkreten Bauvorhabens würden dabei aber zwangsläufig außer Acht gelassen. Deshalb erscheint es ausreichend und empfehlenswert, nur allgemeine Grundsätze zu vereinbaren.

Die Rechtsfolgen einer Kündigung richten sich ganz entscheidend danach, wer den Kündigungsgrund zu vertreten hat. »Etwas zu vertreten haben« hat dabei nach der Rechtsprechung nicht ausschließlich etwas mit

Verschulden zu tun, sondern mit der vertraglichen Risikosphäre. Zur Erläuterung: Zur Risikosphäre des Architekten gehören die Planung und die Mitarbeiter, zur Risikosphäre des Bauherrn die Verwirklichung des Bauvorhabens. Um Transparenz zu schaffen, hat diese Eingang in unseren Formulierungsvorschlag gefunden.

Dokumentation des Sachstands im Fall der Kündigung

Nach aller Erfahrung wichtiger ist die Dokumentation des Sachstands, falls die Zusammenarbeit vorzeitig beendet wird. Allerdings muss damit gerechnet werden, dass im Kündigungsfall die Verhältnisse so zerrüttet sind, dass einer gemeinsamen Dokumentation erhebliche praktische Schwierigkeiten entgegenstehen. In diesem Fall ist immerhin die Dokumentation der jeweiligen Standpunkte hilfreich, um eventuell auf dieser Grundlage – gegebenenfalls unter Einschaltung Dritter – Vergleichsverhandlungen führen oder ein Schlichtungsverfahren bei der Architektenkammer einleiten zu können. Dabei sollte der Bauherr nicht vergessen, dass der Architekt nach einer Kündigung einen Anspruch auf Abnahme der bis zur Kündigung erbrachten Leistungen hat, soweit die diesbezüglichen Voraussetzungen vorliegen. Ein entsprechender Regelungsvorschlag ist deshalb nachfolgend enthalten.

Formulierungsvorschlag

Der Vertrag ist für den Bauherrn jederzeit, für den Architekten nur aus wichtigem Grund kündbar. Die Kündigung bedarf zu ihrer Wirksamkeit der Schriftform.

Hat der Architekt die Kündigung zu vertreten, so hat er nur Anspruch auf die Vergütung der bis dahin erbrachten Leistungen, wenn die Leistungen brauchbar sind und einen selbständigen Wert besitzen. Gegenansprüche des Bauherrn bleiben hiervon unberührt.

In allen anderen Fällen steht dem Architekten das vereinbarte Honorar zu; er muss sich jedoch dasjenige anrechnen lassen, was er infolge der Aufhebung des Vertrags an Aufwendungen erspart oder durch anderweitige Verwendung seiner Arbeitskraft erwirbt oder zu erwerben böswillig unterlässt.

Unter »zu vertreten haben« in diesem Sinn ist sowohl eine vorsätzliche oder fahrlässige Pflichtverletzung als auch die verschuldensunabhängige Zurechnung des Kündigungsgrunds zur Risikosphäre einer Vertragspartei zu verstehen.

Nach der Kündigung hat der Architekt einen Anspruch auf Abnahme der von ihm bis zur Kündigung erbrachten Leistungen, wenn die Voraussetzungen für die Abnahmepflicht erfüllt sind.

Beide Vertragsparteien sind verpflichtet, innerhalb von zehn Werktagen nach der Vertragsbeendigung gemeinsam den zum Beendigungszeitpunkt erreichten Leistungsstand festzustellen und zu dokumentieren. Kann hierüber kein Einvernehmen erreicht werden, sind die jeweiligen Standpunkte zu protokollieren.

Was ist zu tun, wenn es zum Streit mit dem Architekten kommt?

Leider entwickelt sich das Verhältnis des Bauherrn zu seinem Architekten nicht immer so positiv und konstruktiv wie erwartet. Manche Ursachen für Reibereien finden sich bei nahezu jedem Bauvorhaben und lassen sich vergleichsweise leicht wieder ausräumen, am einfachsten durch ein

Gespräch. Es gibt jedoch auch Streitfälle, die existenzielle Interessen des Auftraggebers betreffen. Besonders wenn ein vorgegebener Kostenrahmen nicht eingehalten wird, wiegt das schwer. Das gilt umso mehr, als – in der Regel – das Bauvorhaben über ein Kreditinstitut finanziert wird.

Gerichtsurteil zu gesprengtem Kostenrahmen
Ein Urteil des Oberlandesgerichts Celle vom 15. November 2001 (Az. 14 U 221/00) zeigt anschaulich, welche Probleme sich im Streitfall ergeben können. Der Bauherr hatte bei einem Architekten die Planung eines Einfamilienhauses in Auftrag gegeben. Die Maßnahme durfte einschließlich Architektenleistungen und Mehrwertsteuer nicht mehr als 650.000 DM kosten. Der Architekt orientierte sich jedoch bei seiner Planung beharrlich nicht an dieser Vorgabe. Die Kostenermittlungen des Architekten stiegen – ungeachtet der Beschwerden von Seiten des Auftraggebers – über 720.000 auf schließlich 800.000 DM. Der Architekt verweigerte jede Änderung seines Planungskonzepts. Dies führte zu einer Zerrüttung des Vertrauensverhältnisses. Nach einem klärenden Gespräch war allen Beteiligten klar, dass eine weitere Zusammenarbeit nicht mehr infrage kam. Ungeachtet dessen klagte der Architekt – im Ergebnis erfolglos – auf Ersatz seines »entgangenen Gewinns«.

Bei Kündigung ohne Angabe von Gründen: Anspruch des Architekten auf »entgangenen Gewinn«

Der Architektenvertrag ist ein Werkvertrag, auf den § 649 BGB anwendbar ist. Danach hat der Bauherr das Recht, den Architektenvertrag bis zur Vollendung des Werks zu jeder Zeit ohne Angabe von Gründen zu kündigen. Dem Architekten wird als Ausgleich für dieses so genannte freie Kündigungsrecht des Bauherrn der Anspruch auf die vereinbarte Vergütung belassen, falls eine Kündigung ausgesprochen wird. Der Architekt muss sich jedoch das anrechnen lassen, was er infolge der Aufhebung des Vertrags an Aufwendungen erspart oder durch anderweitige Verwendung seiner Arbeitskraft erwirbt oder zu erwerben vorsätzlich unterlässt. Dem Architekten verbleibt also trotz der Kündigung der Anspruch auf den »entgangenen Gewinn«.

Will der Bauherr etwa das ursprünglich geplante Bauvorhaben aufgeben und das Baugrundstück veräußern oder zumindest mit diesem Architekten nicht weiter arbeiten, sieht er sich mit folgenden Fragen konfrontiert:

Freie Kündigung kann nicht ausgeschlossen werden

- **Kann der Architektenvertrag gekündigt werden?** Ja. Allerdings sind immer noch ältere Vertragsmuster im Umlauf sind und finden Verwendung, in denen bereits das Recht zur freien Kündigung des Vertrags ausgeschlossen ist. Nach den entsprechenden Klauseln soll der Vertrag bauherrenseitig nur »aus wichtigem Grund« kündbar sein. Eine solche Klausel ist nach einem BGH-Urteil vom 8. Juli 1999 (Az. VII ZR 237/98) unwirksam.
- **Muss tatsächlich dem Architekten der »entgangene Gewinn« ersetzt werden?** Das ist dann der Fall, wenn der Bauherr ohne wichtigen Grund eine Kündigung ausspricht. Hatte der Bauherr aber Gründe in der Person oder der Leistung des Architekten, den Vertrag zu beenden, muss er die ursprünglich beauftragten, nunmehr aufgrund der Kündigung nicht mehr anfallenden Leistungen nicht vergüten. Zwangsläufig kommt es zwischen den Parteien regelmäßig zum Streit über die Frage, ob ein »einfacher« oder »wichtiger« Kündigungsgrund vorliegt, was zu einem erheblichen Konflikt- und Prozessrisiko führt.

Einvernehmliche Aufhebung des Architektenvertrags

Um einen langwierigen Streit über diese Frage zu vermeiden, können die Parteien den geschlossenen Architektenvertrag auch einvernehmlich aufheben. Es sollte in dieser Situation allerdings unbedingt darauf geachtet werden, dass im Rahmen einer Aufhebungsvereinbarung genau festgelegt wird, zu welchem Zeitpunkt die Vertragsaufhebung wirksam werden soll, was hinsichtlich der Vergütungs- und Gewährleistungsansprüche gelten soll und welche sonstigen nachvertraglichen Pflichten bestehen.

Wird lediglich die Aufhebung des Vertrags vereinbart, wirkt das nur für die Zukunft. Die Vergütungs- und Gewährleistungsansprüche für die Vergangenheit bleiben dagegen unberührt. Ob dem Architekten auch der Vergütungsanspruch aus § 649 BGB zusteht, ist – wenn keine ausdrückliche Absprache getroffen wurde – durch Auslegung des Vertrags zu ermitteln. Hier ist vom Grundsatz auszugehen, dass der Architekt den Anspruch nur verliert, wenn dies ausdrücklich beziehungsweise nach den Umständen vereinbart ist.

Aus diesem Grund ist vom Bauherrn zu dokumentieren, welchen Hintergrund die einverständliche Vertragsaufhebung hatte. Es kann nämlich nicht davon ausgegangen werden, dass etwa ein Auftraggeber, der zur Kündigung aus wichtigem Grund berechtigt gewesen wäre, diese aber nicht ausgesprochen hat, auf die damit verbundenen Rechte verzichten wollte. In diesem Fall kann der Architekt nur die tatsächlich erbrachten Leistungen bezahlt verlangen.

Schlichtungsverfahren bei Architektenkammer

Wenn Bauherr und Architekt einen Streitfall nicht einvernehmlich lösen können, bietet sich die Möglichkeit, ein außergerichtliches Schlichtungsverfahren bei der Architektenkammer zu starten. Im Schlichtungsverfahren vor der Schlichtungsstelle der Architektenkammer Nordrhein-Westfalen zum Beispiel kann Streit zwischen Bauherren und Mitgliedern der Kammer vor einem unabhängigen und sachverständigen Gremium durch Vergleich beigelegt werden. Das Verfahren ist freiwillig, ein Zwang zur Teilnahme an einer Schlichtung besteht nicht. Jedoch zeigen die Ergebnisse der letzten Jahre, dass eine Schlichtung in Hinblick auf sonst entstehende Gerichtskosten wirtschaftlich sinnvoll ist und gleichzeitig auch zu wesentlich schnelleren Ergebnissen führt.

Schlichtungsstelle paritätisch besetzt

Die Schlichtungsstelle ist paritätisch besetzt. Ein Architekt und ein Verbraucher sind Beisitzer; den Vorsitz übernimmt ein Jurist. Aufgrund dieser Besetzung besteht strenge Neutralität und Objektivität. In Gegenwart der Beteiligten werden vor der Schlichtungsstelle alle fachlichen und rechtlichen Gesichtspunkte erörtert. Die Parteien können selbst vortragen, sie können sich aber auch durch einen Anwalt vertreten lassen. Die Schlichtungsstelle schlägt nach der Erörterung der Sach- und Rechtslage den Parteien einen Vergleich im Sinn des Bürgerlichen Gesetzbuchs vor.

Das Verfahren ist gebührenpflichtig. Die Höhe der Gebühren ergibt sich in diesem Fall aus der Gebührenordnung der Architektenkammer Nordrhein-Westfalen und richtet sich bei vermögensrechtlichen Streitigkeiten nach dem Wert des Streitgegenstands. Bei einem Streitwert von 15.000 bis 20.000 € zum Beispiel muss ein Bauherr mit Schlichtungsgebühren von etwa 750 € rechnen. Kommt ein Vergleich nicht zustande, haben die Parteien die Möglichkeit, ihr Anliegen vor den Zivilgerichten weiter zu verfolgen.

Tipp: Ein Antrag auf Einleitung eines Schlichtungsverfahrens kann bei den Architektenkammern (Adressen → Seite 180) gestellt werden, die auch weitere Auskünfte zur Schlichtung geben.

Mediation als Möglichkeit der außergerichtlichen Konfliktregelung

Als Alternative zu einer gerichtlichen Auseinandersetzung oder einer Schlichtung vor einer Architektenkammer wird mittlerweile von einigen Gerichten und anderen kompetenten Stellen eine so genannte Mediation angeboten. Mediation heißt Vermittlung zwischen den Konfliktbeteiligten und einvernehmliche Konfliktregelung durch Konsens. Dabei handelt es sich um ein außergerichtliches Verfahren, in dem alle am Konflikt Beteiligten mit Unterstützung eines externen, allparteilichen Dritten, des Mediators, freiwillig, eigenverantwortlich und gemeinsam eine fall- und problemspezifische Konfliktregelung beziehungsweise -lösung erarbeiten. Unbedingte Voraussetzung für eine erfolgreiche Mediation sind Freiwilligkeit, Akzeptanz, Offenheit und Vertraulichkeit.

Eine Mediation läuft in der Regel in folgenden Schritten ab:

- Vorgespräch (kurze Erläuterung des Konflikts, Prüfung der Zweckmäßigkeit einer Mediation, Erläuterung der Vorgehensweise);
- Vereinbarung über Vorgehensweise und Kosten;
- Erörterung der Konfliktlage;
- Suche nach möglichen Konfliktregelungen;
- Überprüfung der tatsächlichen Möglichkeit der Umsetzung;
- Einigung auf ein Ergebnis;
- rechtliche Gestaltung der gefundenen Konfliktregelung.

Gegenüber der bisher praktizierten Schlichtung im Baubereich hat die Mediation den Vorteil, dass auch baubegleitend ein Interessenausgleich gesucht werden kann. Zudem kann die gesamte Vertragsbeziehung umfassend mit einbezogen werden, je nach dem Willen der Parteien. Die herkömmliche Schlichtung ist dagegen fast ausschließlich mit Haftungs- und Honorarfragen befasst.

Die in der ARGE Baurecht im Deutschen Anwaltsverein (Adresse → Seite 182) zusammengeschlossenen Rechtsanwälte bieten die Mediation ebenfalls an und haben eine entsprechende Verfahrensordnung entwickelt, die auch von der Website www.arge-baurecht.com heruntergeladen werden kann.

Auf Baurecht spezialisierte Anwaltskanzlei wählen

Wenn ein Bauherr anwaltliche Hilfe benötigt, weil ein Streit mit einem Architekten nur vor Gericht geklärt werden kann, sollte er sich an eine entsprechend spezialisierte Anwaltskanzlei wenden. Adressen können zum Beispiel über die ARGE Baurecht des Deutschen Anwaltsvereins ermittelt werden (Adresse → Seite 182). Bei einem Prozess vor dem zuständigen Amts- oder Landgericht kommen auf den Bauherrn Kosten für das Gericht und die anwaltliche Vertretung zu, die sich nach dem Streitwert, der Gerichtsinstanz und der Komplexität und dem Umfang des Verfahrens richten.

Tipp: Informationen zu einem Prozess vor dem Amts- oder Landgericht, zu Gerichts- und Anwaltskosten finden Sie im Ratgeber »Recht haben – Recht bekommen. Information und Beratung, Schlichtung, Gerichtsverfahren, Rechtsschutz« (162 Seiten, 7,80 €), den die Verbraucherzentralen herausgegeben haben (→ Seite 192).

Rechtsschutzversicherungen: kein Schutz bei Baustreitigkeiten

In vielen Haushalten besteht eine Rechtsschutzversicherung, die im Streitfall absichern soll und den Anwalt, die Gerichtskosten einschließlich Sachverständige, Zeugen und andere Auslagen zahlt sowie bei einer Niederlage vor Gericht für die Aufwendungen des Prozessgegners aufkommt. Zu beachten ist allerdings, dass bei privaten Rechtschutzversicherungen eine so genannte Bauausschlussklausel besteht. Das heißt, dass die Versicherer bei Streitigkeiten rund ums Bauen, also auch bei Konflikten mit einem Architekten, in der Regel nicht zahlen.

Anhang

Adressen und Websites für weitere Beratung und Information

Architektenkammern

Bundesarchitektenkammer
Askanischer Platz 4
10963 Berlin
Telefon: (0 30) 26 39 44-0
Telefax: (0 30) 26 39 44-90
www.bak.de

Architektenkammer
Baden-Württemberg
Danneckerstraße 54
70182 Stuttgart
Telefon: (07 11) 21 96-0
Telefax: (07 11) 21 96-103
E-Mail: info@akbw.de
www.akbw.de

Bayerische Architektenkammer
Waisenhausstraße 4
80637 München
Telefon: (0 89) 13 98 80-0
Telefax: (0 89) 13 98 80-55
E-Mail: info@byak.de
www.byak.de

Architektenkammer Berlin
Karl-Marx-Allee 78
10243 Berlin
Telefon: (0 30) 29 33 07-0
Telefax: (0 30) 29 33 07-16
E-Mail: kammer@ak-berlin.de
www.ak-berlin.de

Brandenburgische Architektenkammer
Kurfürstenstraße 52
14467 Potsdam
Telefon: (03 31) 2 75 91-0
Telefax: (03 31) 29 40 11
E-Mail: info@ak-brandenburg.de
www.ak-brandenburg.de

Architektenkammer der
Freien Hansestadt Bremen
Geeren 41/43
28195 Bremen
Telefon: (04 21) 17 00 07
Telefax: (04 21) 30 26 92
E-Mail: info@
architektenkammer-bremen.de
www.architektenkammer-bremen.de

Hamburgische Architektenkammer
Grindelhof 40
20146 Hamburg
Telefon: (0 40) 44 18 41-0
E-Mail: info@ak-hh.de
www.ak-hh.de

Architekten- und Stadtplanerkammer
Hessen
Mainzer Straße 10
65185 Wiesbaden
Telefon: (06 11) 17 38-0
Telefax: (06 11) 17 38-40
E-Mail: info@akh.de
www.akh.de

Architektenkammer
Mecklenburg-Vorpommern
Karl-Marx-Straße 32
19055 Schwerin
Telefon: (03 85) 5 90 79-0
Telefax: (03 85) 5 90 79-30
E-Mail: info@
architektenkammer-mv.de
www.architektenkammer-mv.de

Architektenkammer Niedersachsen
Laveshaus/Friedrichswall 5
30159 Hannover
Telefon: (05 11) 2 80 96-0
Telefax: (05 11) 2 80 96-19
E-Mail: info@aknds.de
www.aknds.de

Architektenkammer
Nordrhein-Westfalen
Zollhof 1
40221 Düsseldorf
Telefon: (02 11) 49 67-0
Telefax: (02 11) 49 67-99
E-Mail: info@aknw.de
www.aknw.de

Architektenkammer Rheinland-Pfalz
Hindenburgplatz 6
55118 Mainz
Telefon: (0 61 31) 99 60 18
Telefax: (0 61 31) 99 60 61
E-Mail: info@akd-rp.de
www.akd-rp.de

Architektenkammer des Saarlandes
Neumarkt 11
66117 Saarbrücken
Telefon: (06 81) 5 43 43
Telefax: (06 81) 58 36 68
E-Mail: architektenkammer_
saarland@t-online.de
www.aksaarland.de

Architektenkammer Sachsen
Goetheallee 37
01309 Dresden
Telefon: (03 51) 3 17 46-0
Telefax: (03 51) 3 17 46-44
E-Mail: dresden@aksachsen.org
www.aksachsen.org

Architektenkammer Sachsen-Anhalt
Fürstenwall 3
39104 Magdeburg
Telefon: (03 91) 5 61 92 97
Telefax: (03 91) 5 61 92 96
E-Mail: info@ak-lsa.de
www.ak-lsa.de

Architekten- und Ingenieurkammer
Schleswig-Holstein
Düsternbrooker Weg 77a
24105 Kiel
Telefon: (04 31) 5 70 65-0
Telefax: (04 31) 5 70 65-25
E-Mail: webmaster@aik-sh.de
www.aik-sh.de

Architektenkammer Thüringen
Bahnhofstraße 39
99084 Erfurt
Telefon: (03 61) 2 10 50-0
Telefax: (03 61) 2 10 50-50
E-Mail: info@
architekten-thueringen.org
www.architekten-thueringen.org

Bei der Architektenkammer Ihres Bundeslandes erhalten Sie auch Auskunft über eine eventuell bestehende Schlichtungsstelle.

Baukosteninformationszentrum

Baukosteninformationszentrum
deutscher Architektenkammern
GmbH (BKI)
Bahnhofstraße 1
70372 Stuttgart
Telefon: (07 11) 95 48 54-0
Telefax: (07 11) 95 48 54-54
E-Mail: info@baukosten.de
www baukosten.de

Rechtsanwälte mit Schwerpunkt privates Baurecht

Arbeitsgemeinschaft für privates
Bau- und Architektenrecht im
Deutschen Anwalt Verein –
ARGE Baurecht
Littenstraße 11
10179 Berlin
Telefon: (0 30) 72 61 52-0
Telefax: (0 30) 72 61 52-190
E-Mail: info@arge-baurecht.com
www.arge-baurecht.com

Verbraucherzentralen

Verbraucherzentrale
Baden-Württemberg e. V.
Paulinenstraße 47
70178 Stuttgart
Telefon: (07 11) 66 91-10
Telefax: (07 11) 66 91-50
E-Mail: info@
verbraucherzentrale-bawue.de
www.verbraucherzentrale-bawue.de

Verbraucherzentrale
Bayern e. V.
Mozartstraße 9
80336 München
Telefon: (0 89) 5 39 87-0
Telefax: (0 89) 53 75 53
E-Mail: info@
verbraucherzentrale-bayern.de
www.verbraucherzentrale-bayern.de

Verbraucherzentrale
Berlin e. V.
Bayreuther Straße 40
10787 Berlin
Telefon: (0 30) 2 14 85-0
Telefax: (0 30) 2 11 72 01
E-Mail: mail@
verbraucherzentrale-berlin.de
www.verbraucherzentrale-berlin.de

Verbraucherzentrale
Brandenburg e. V.
Templiner Straße 21
14473 Potsdam
Telefon: (03 31) 2 98 71-0
Telefax: (03 31) 2 98 71-77
E-Mail: info@vzb.de
www.vzb.de

Verbraucherzentrale
des Landes Bremen e. V.
Altenweg 4
28195 Bremen
Telefon: (04 21) 1 60 77-7
Telefax: (04 21) 1 60 77-80
E-Mail: info@
verbraucherzentrale-bremen.de
www.verbraucherzentrale-bremen.de

Verbraucherzentrale
Hamburg e. V.
Kirchenallee 22
20099 Hamburg
Telefon: (0 40) 2 48 32-0
Telefax: (0 40) 2 48 32-2 90
E-Mail: info@vzhh.de
www.vzhh.de

Verbraucherzentrale
Hessen e. V.
Große Friedberger Straße 13–17
60313 Frankfurt a. M.
Telefon: (0 69) 97 20 10-0
Telefax: (0 69) 97 20 10-50
E-Mail: vzh@verbraucher.de
www.verbraucher.de

Verbraucherzentrale
Mecklenburg-Vorpommern e. V.
Strandstraße 98
18055 Rostock
Telefon: (03 81) 4 93 98-0
Telefax: (03 81) 4 93 98-30
E-Mail: info@
verbraucherzentrale-mv.de
www.verbraucherzentrale-mv.de

Verbraucherzentrale
Niedersachsen e. V.
Herrenstraße 14
30159 Hannover
Telefon: (05 11) 9 11 96-0
Telefax: (05 11) 9 11 96-10
E-Mail: info@vzniedersachsen.de
www.vzniedersachsen.de

Verbraucherzentrale
Nordrhein-Westfalen e. V.
Mintropstraße 27
40215 Düsseldorf
Telefon: (02 11) 38 09-0
Telefax: (02 11) 38 09-172
E-Mail: vz.nrw@vz-nrw.de
www.verbraucherzentrale-nrw.de

Verbraucherzentrale
Rheinland-Pfalz e. V.
Ludwigstraße 6
55116 Mainz
Telefon: (0 61 31) 28 48-0
Telefax: (0 61 31) 28 48-66
E-Mail: verbraucherzentrale-rlp@
verbraucherzentrale-rlp.de
www.verbraucherzentrale-rlp.de

Verbraucherzentrale
des Saarlandes e. V.
Trierer Straße 22
66111 Saarbrücken
Telefon: (06 81) 5 00 89-0
Telefax: (06 81) 5 88 09-22
E-Mail: vz-saar@vz-saar.de
www.vz-saar.de

Verbraucherzentrale
Sachsen e. V.
Bernhardstraße 7
04315 Leipzig
Telefon: (03 41) 6 88 80 80
Telefax: (03 41) 6 89 28 26
E-Mail: vzs@vzs.de
www.verbraucherzentrale-sachsen.de

Verbraucherzentrale
Sachsen-Anhalt e. V.
Steinbockgasse 1
06108 Halle
Telefon: (03 45) 2 98 03-29
Telefax: (03 45) 2 98 03-26
E-Mail: vzsa@vzsa.de
www.vzsa.de

Verbraucherzentrale
Schleswig-Holstein e. V.
Bergstraße 24
24103 Kiel
Telefon: (04 31) 5 90 99-0
Telefax: (04 31) 5 90 99-77
E-Mail: info@
verbraucherzentrale-sh.de
www.verbraucherzentrale-sh.de

Verbraucherzentrale
Thüringen e. V.
Eugen-Richter-Straße 45
99085 Erfurt
Telefon: (03 61) 5 55 14-0
Telefax: (03 61) 5 55 14-40
E-Mail: info@vzth.de
www.vzth.de

Stichwortverzeichnis

Hier können wir Ihnen nur eine kleine Auswahl unseres mehr als 80 Titel umfassenden Ratgeberprogramms vorstellen. Auf Wunsch senden wir Ihnen gern die Gesamtübersicht aller Publikationen zu.

Unsere Ratgeber können Sie in den Beratungsstellen der Verbraucherzentralen kaufen oder bei den Herausgebern (⟶ Impressum, Seite 2) bestellen. Bitte schicken Sie weder Geld noch Briefmarken. Sie erhalten mit der Lieferung eine Rechnung. Zu den genannten Preisen (Stand: August 2004) kommen noch Porto und Versandkosten.

Baufinanzierung

Ein unentbehrliches Handbuch für alle, die bauen oder ein Haus bzw. eine Wohnung kaufen wollen. Es bietet Informationen zur finanziellen Absicherung sowie zu den Finanzierungsformen »Hypothekendarlehen«, »Lebensversicherungshypothek« und »Bausparen«. Mit Checklisten für Finanzierungsbedarf und finanzielle Belastung.

1. Auflage 2004, ca. 180 Seiten, 14,90 €

ABC des Baurechts

Viele Bauherren unterschätzen die rechtlichen und finanziellen Risiken des Bauens. Unser Lexikon erläutert die wichtigsten vertraglichen und gesetzlichen Begriffe zum Grundstückserwerb, zum Bauen mit Architekten und dem Erwerb von Bauträgern. Suchhilfen am Rand erleichtern Ihnen das schnelle Finden von wichtigen Informationen.

1. Auflage 2003, 166 Seiten, 9,80 €

Hausbau: Recht und Verträge

Der Weg zum eigenen Haus, Schritt für Schritt erklärt. Im Mittelpunkt dieses Ratgebers stehen Rechtsfragen für die unterschiedlichen Varianten beim Eigenheimbau: Architektenhaus, Bauträger- und Fertighaus. Vorgestellt werden die einzelnen Vertragsklauseln mit ihren möglichen Fallstricken für den Bauherrn. Mit Checklisten, Berechnungsbeispielen und Musterformulierungen.

2. Auflage 2002, 160 Seiten, 7,80 €

Handwerker und Kundendienste

Wenn Sie auf ordnungsgemäße Erledigung Ihres Auftrags an einen Handwerker oder Kundendienst bestehen oder vermeiden wollen, dass Ihnen zu tief in die Tasche gegriffen wird, sollten Sie Ihre Rechte kennen. Was Sie bei Auftragsvergabe, Abnahme des Werkes und Überprüfung der Rechnung beachten sollten, erfahren Sie in diesem Ratgeber ebenso wie die neue Rechtslage bei Gewährleistung, Reklamation und Verjährung.

8. Auflage 2003, 108 Seiten, 5,80 €

Richtig bauen: Ausführung

Ob Neubau oder Aus- und Umbau – der Traum von den eigenen vier Wänden kann für Bauherren schnell zum Albtraum werden. Um Probleme von vornherein zu vermeiden, begleitet dieser Ratgeber Bauherren von der Errichtung der Baustelle über die Kontrolle der einzelnen Gewerke bis hin zur Fertigstellung.

1. Auflage 2004, 213 Seiten, 19,90 €

Sicherheit für Haus und Wohnung

Wussten Sie, dass alle vier Minuten in Deutschland ein Einbruch geschieht? Und dass die Gefahr eines Feuers häufig unterschätzt wird? Wir zeigen Ihnen, wie Sie sich vor Einbrechern schützen und wie Sie einem gefährlichen Brand und der Gefahr für Ihre Gesundheit durch ein Feuer sinnvoll vorbeugen können. Mit praktischen Tipps und Adressen im Anhang.

1. Auflage 2004, 127 Seiten, 7,80 €

Recht haben – Recht bekommen

»Auf hoher See und vor Gericht ist man in Gottes Hand« – ein guter Kompass ist gefragt, wenn's um die eigenen Rechte geht. Der Ratgeber zeigt, wo Rechtsberatung geboten wird und wie der richtige Anwalt zu finden ist. Wie funktioniert die außergerichtliche Streitbeilegung? Schließlich geht es um Zuständigkeiten, Kosten, Prozesskostenhilfe und Rechtsschutz, wenn es zum Prozess kommt.

1. Auflage 2002, 162 Seiten, 7,80 €